Endlich liegt es vor Ihnen, das lang
ersehnte Kräuterhexenarbeitsbuch.
Nach diesen erprobten Rezepten
aus der Kräuterhexenküche können Sie ab sofort mischen und
mengen, kochen und brauen,
rühren und abfüllen und natürlich genießen.
Meine besten Kräuterspezialitäten werden nachvollziehbar beschrieben und dargestellt, so dass
Sie sofort in Feld, Wald und
Flur, aber auch im Garten oder
auf dem Wochenmarkt nach den
Zutaten Ausschau halten kön-

nen. Um diese dann mit Hilfe der erwähnten Gerätschaften
zu wohltuenden Kräuterprodukten, sowie zu ganz persön-
lichen Geschenken zu verarbeiten.
Ich wünsche Ihnen ein gutes Gelingen und viel Erfolg beim
„Nachhexen"!

Ihre

Gabriele Bickel

Gabriele Bickel

Gabriele Bickel

Das Beste von der Kräuterhexe

Tees & Gewürze

Essige & Öle

Liköre & Schnäpse

Kosmos

Inhalt

Inhalt

Meine Hexenkräuter von A–Z
Für Tees, Salze, Essige und Öle

Wichtige Kräuter- und Gewürzpflanzen – geordnet nach deutschen Pflanzennamen

Inhalt

Kräuteröl, Essig und Salz von der Kräuterhexe

Tees, Gewürzmischungen

und andere Köstlichkeiten

Kleine Teekunde für jedermann

Von Teekräutern und Heilpflanzen

Die Anfänge

Schon seit vielen tausend Jahren besteht eine enge Beziehung zwischen Tieren, Menschen und Pflanzen. Zunächst waren die Pflanzen Nahrung in vielfältiger Hinsicht. Sie wurden von Menschen und Tieren gleichermaßen als Energiespender für die Aufrechterhaltung der Körperfunktionen – des Lebens – erkannt und entsprechend verzehrt. Die Tiere folgten ihrem Instinkt, sie fraßen spezielle Pflanzen bevorzugt in bestimmten Situationen, zum Beispiel bei Krankheit. Die Menschen wiederum beobachteten die Tiere sehr genau und zogen daraus Rückschlüsse auf Krankheitsbilder und deren Behandlung. So wurden nach und nach die ersten Heilpflanzen „entdeckt". Man kann davon ausgehen, dass jene lediglich gekaut wurden. Erst später, durch die Entdeckung des Feuers, war es möglich, Kräuter mit heißem Wasser aufzugießen.

Die Heilkräfte, aber auch die erfrischenden und anregenden Wirkungen der Kräuter, waren nachweislich bereits um 3000 v. Chr. bekannt. Chinesen, Inder und Ägypter streiten sich darum, wer wohl den ersten Tee der Menschheit aufgegossen hat. Der Sage nach sollen sich die Blätter eines Baumes in einen darunter stehenden Topf mit kochendem Wasser verirrt haben. Daraus entstand eine duftende und wohlschmeckende Flüssigkeit, die probiert und für gut be-

Die Katze frisst instinktiv von Pflanzen, die ihr gut bekommen.

funden wurde. Wie alle Neuentdeckungen dieser Welt hat sich diese äußerst schnell herumgesprochen und Tee war bald in aller Munde – im wahrsten Sinne des Wortes.

Tee ist nicht gleich Tee

Viele Pflanzen zeigen in einem wässrigen Auszug – und das ist Tee letztendlich – ganz bestimmte Wirkungen. Mit den entsprechenden Kenntnissen kann man einen Tee mit beruhigenden, anregenden, betörenden, narkotisierenden, halluzinogenen oder heilenden Eigenschaften zusammenstellen. Tee wurde schon früh zu rituellen und spirituellen Zwecken verwendet. Die Rezepturen waren streng geheim und nur den geistigen Führerinnen und Führern bekannt. Es konnte durchaus geschehen, dass der eine oder andere Mensch nach solch einem Teegenuss diese Welt für immer verlassen hat. Wir kennen heute weltweit zahlreiche Sorten dieses magischen Getränks und die verschiedenen Tee-Rezepturen basieren beileibe nicht nur auf dem wässrigen Aufguss der fermentierten Blätter des Teestrauches (*Camellia sinensis*). Mich als Kräuterhexe interessieren in erster Linie diejenigen Kräuter, die in Heil- und Erfrischungstees verwendet werden können. Schon seit Jahrhunderten werden sowohl Garten- als auch Wildkräuter zu Heilzwecken geerntet und angewandt. Neben der Beobachtung von Tie-

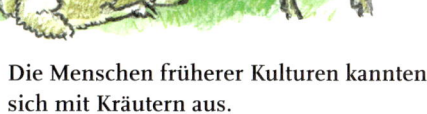

Die Menschen früherer Kulturen kannten sich mit Kräutern aus.

ren führte häufig die Nase zu den gewünschten oder erforderlichen Pflanzen, denn sehr viele Heil- und Würzpflanzen duften intensiv durch einen hohen Anteil ätherischer Öle.

Antike Kräuterhochkulturen

Die Steinzeitfrau kannte bereits Mohn, Kümmel, Engelwurz und Zwiebel. Rund um das Mittelmeer mit seinem günstigen Klima entstanden nach und nach regelrechte Kräuterhochkulturen mit überwiegend stark duftenden Kräuterpflanzen wie Thymian, Rosmarin oder Lorbeer.

Gewürzlieferant und Heilkräuter-Apotheke – mittelalterlicher Klostergarten

Die ersten großen Kräuterkundigen lebten zur Zeit der griechischen und römischen Antike. Später erschienen die großen Väter der Botanik, Hippokrates, Theophrastus, Galenus und Dioskurides, auf der Kräuterbühne (etwa 460 v. Chr. bis 200 n. Chr.). Diesen Herren haben wir die ersten wissenschaftlichen Kräuterbücher zu verdanken. Sie hatten schon ein besonderes „Näschen", denn sie erkannten nicht nur die heilbringende innere Anwendung von Pflanzenaufgüssen, sie rieten gleichzeitig zu sorgsamer Körperpflege in Form von Waschungen und Thermalbädern, die ebenfalls mit Pflanzenauszügen durchgeführt werden sollten. Ein bis in die Neuzeit sehr beliebtes Duftkraut hat dieser

Anwendungsform sogar seinen Namen zu verdanken, nämlich der Lavendel, dessen Name sich direkt vom lateinischen Wort für „waschen" (= *lavare*) ableitet.

Klöster – Horte des Wissens

Viele der ursprünglich nur im Mittelmeerraum bekannten Heil- und Duftkräuter wurden im Zuge der Eroberung Germaniens von den Römern mitgebracht. Sie wollten in den Provinzen jenseits der Alpen nicht auf ihre gewohnte Verpflegung und medizinische Behandlung verzichten. So entstand auch bei uns eine Art römische Gartenkultur mit Obst-, Gemüse- und Kräutergärten.

14

Nach dem Verfall und dem Untergang des römischen Reiches hatten diese Römergärten zunächst keine Überlebenschance mehr. Erst im Mittelalter beschäftigte man sich wieder mit den Themen Kräutergärten, Arznei- und Würzpflanzen und diesmal sogar recht gründlich, denn die Anwendung von Pflanzen zu Heilzwecken wurde nun wissenschaftlich untersucht. Heiltees, Heilpulver, Heilöle, Tinkturen und Heiltränke erlebten in jenen Zeiten einen enormen Aufschwung. In erster Linie waren Mönche die Hüter der Pflanzenheilkunde; Klöster wurden häufig als Hospitäler im heutigen Sinne betrieben. Nach der Erfindung des Buchdruckes entstanden die ersten Kräuterbücher in größerer Auflage. Auf diese Art und Weise verbreitete sich das Wissen über Gewürz- und Heildrogen auch unter dem Volk.

Man glaubte früher, dass Brennnesseln vor Hexen und bösen Mächten schützen.

Magie & Pflanzenzauber

Ehemals den Göttinnen Venus und Isis gewidmete Pflanzen wie die Lilie und die Rose wurden im Zuge der Christianisierung kurzerhand zu „Marienpflanzen" ernannt, weil die religiöse und kultische Pflanzenmythologie schon immer eine große Rolle spielte und nicht so einfach unter den Teppich gekehrt werden konnte. Klassische Beispiele für die Verehrung von Pflanzen sind die Frühlingskräuter Brennnessel, Gänseblümchen, Gundermann, Huflattich, Pimpinelle und Schlüsselblume.

Die **Brennnessel** galt einerseits als Freundin der Menschen, da sie im Frühjahr mit das erste Grün nach einem langen, entbehrungsreichen Winter hervorbrachte. Andererseits erschien sie als unheimliches Kraut, man vermutete in ihr den Sitz eines leibhaftigen Dämons. Wie sonst wäre es zu erklären, dass diese Pflanze stechend brennt, obwohl man es ihr gar nicht ansieht? Schließlich besitzt sie weder Dornen noch Stacheln. Der Vorteil dieser merkwürdigen Eigenschaft war allerdings der, dass man sich mit Brennnesseln sämtliche Hexen, Dämonen und jeglichen bösen Zauber vom Halse schaffen konnte. In Zeiten, in denen man glaubte, dass Krankheiten von Dämonen verursacht werden, war dieser Umstand natürlich sehr wichtig. Heute würde man nüchtern von der Verbesserung des Blutbildes durch einen hohen Chlorophyllgehalt, von einem hohen Vitamin- und Mineralstoffgehalt und von die Nierentätigkeit anregenden, entwässernden Inhaltsstoffen reden. Da die Brennnessel bevorzugt an Stellen wächst, an denen sich Erdstrahlen

schneiden, glaubte man, dass sie eine ganz besondere Kraft gegen alle möglichen und unmöglichen Strahlungen im weitesten Sinne hätte. In manchen Gegenden wurde sie „Donnernessel" genannt, weil man ihr nachsagte, sie würde Blitze anziehen.

Gänseblümchen, Gundelrebe & Co.

Das **Gänseblümchen** war nach altem Glauben in der Lage, das ganze Jahr über Gesundheit zu schenken, wenn man die ersten drei Blüten im Frühling an Ort und Stelle verspeiste. Heute kennen wir die stoffwechselanregenden Inhaltsstoffe genauer, welche dieses Kraut besonders für die Frühjahrskur und bei Hautproblemen sehr wertvoll machen.
Die **Gundelrebe** oder **Gundermann** war in alten Zeiten ebenfalls geeignet, Schadenzauber fern zu halten. Außerdem war man durch diese Pflanze in der Lage, alle Hexen der Umgebung sehen zu können. Heutzutage geben sich diese Damen meistens von sich aus zu erkennen. So ändern sich die Zeiten!
Der **Pimpinelle** wurde eine lebenserhaltende Wirkung, selbst bei tödlichen Krankheiten wie der Pest, nachgesagt.
Die **Schlüsselblume** galt als Symbolpflanze für den Frühling, da sie diesen „aufschließt" und die trüben Gedanken des Winters vertreibt. Auch sie wurde christianisiert. Die alten Germanen hatten sie noch ihrer Muttergöttin Freya oder Frija geweiht – die Menschen des Mittelalters verehrten in ihr dagegen Maria, die durch ihren Sohn Jesus für

Johanniskraut-Tee beruhigt und hilft gegen Depressionen.

die Erdbewohner das Himmelstor aufschließt. Heute zählt die Schlüsselblume mit ihrem hohen Saponingehalt zu den wichtigsten Heilpflanzen gegen Husten und zähen Schleim.
Ein hochheiliges Sommerkraut ist ohne Zweifel das **Johanniskraut.** Schon die Vielzahl der Namen wie „Teufelsflucht", „Teufelsbanner" und „Jageteufel" machen deutlich, dass es sich um ein wichtiges Abwehrkraut gegen Schadenzauber oder sonstige Begegnungen der unangenehmen Art handelt. Und das bis auf den heutigen Tag! Das Johanniskraut wirkt als Tee, in Kapselform oder als Heilöl sowohl gegen Stress-, Nerven- und Depressionsdämonen, als auch gegen Verletzungs- und Verbrennungsteufel. Während einer Johanniskraut-Kur sollten Sie sich jedoch nicht in die Sonne legen, denn es macht lichtempfindlich und dann schlägt wiederum der Sonnenbrandteufel zu!

Orientalische Düfte – kostbare Gewürze

Doch zurück zur Geschichte. Nach der Entdeckung des Orients und der Neuen Welt wurde die europäische Tee- und Gewürzküche um gar feine Spezereien bereichert. Nelken, Muskat, Sternanis, Zimt, Piment, Pfeffer und viele andere exotische Pflanzen fanden über die Gewürzstraßen den Weg zu uns, allerdings nicht immer auf friedliche Art und Weise. Der Name „Nelke" hat übrigens nichts mit Blumen zu tun, sondern ist vom mittelhochdeutschen „negellin" abgeleitet, was soviel wie Nägelein bedeutet. Im Namen des Gewürzhandels mussten viele Menschen ihr Leben lassen, so manches edle Gewürz wurde mit Gold aufgewogen und mit teurem Blutzoll erkauft. Gott sei Dank haben sich die Zeiten geändert, wir können heute den kostbaren Schatz aus dem Reich der Pflanzen gemeinsam und friedlich nutzen. Das größere Problem sehe ich darin, dass vielen Menschen heutzutage die Kenntnisse über den Umgang mit Heil- und Würzpflanzen fehlen. Aber dafür gibt es ja die Kräuterhexe, für die sich die Zeiten ebenfalls geändert haben. Es wäre mir sonst unmöglich, dieses Buch und viele andere bei bester Gesundheit und ohne die Furcht, mein Leben zu verlieren, schreiben zu können.

Eine echte Bereicherung: kostbare Gewürze aus allen Teilen der Welt

Früchtetee muss keineswegs künstlich aromatisiert werden.

Teekultur heute

Im Kräuterhexenladen

Obwohl die Nachfrage nach Tee und Gewürzen wieder beständig zunimmt, gehören Fachgeschäfte mit kompetenter Beratung in diesem Bereich noch immer zu den Seltenheiten im Branchenmix eines Ortes. Auch die klassische Drogerie ist so gut wie gar nicht mehr vorhanden, so dass ich meinen Kräuterhexenladen sicherlich mit dem Prädikat „besonders selten" auszeichnen kann. Heutzutage findet man Tees und Gewürze überwiegend in den Freiwahlregalen der Supermärkte und Warenhausabteilungen und ist sich damit ziemlich selbst überlassen. Das führt dazu, dass so manche

Spezialität unentdeckt bleibt, obwohl man sie vielleicht gerade gebrauchen könnte. Unsere aktuelle Teekultur ist außerdem sehr stark von einem Trend zum aromatisierten Tee geprägt. Eine Tatsache, mit der ich als „altmodische" Kräuterhexe erhebliche Probleme habe. Sie werden bei mir vieles in Sachen Tee und Gewürze finden, aber nicht eine künstlich aromatisierte Mischung!

Kein Problem habe ich dagegen mit solchen Teemischungen, die mit echten Gewürzen wie Zimt, Ingwer, Vanille, Nelken oder Sternanis, mit getrockneten Früchten wie Erdbeeren, Äpfel, Sultaninen und mit Hibiskus-, Rosen- oder Jasminblüten zu einem geschmacksintensiven Gesamtkunstwerk komponiert wurden. Diese hochwertigen Teemischungen schlagen die künstlich aromatisierten qualitativ und geschmacklich um Längen.

Aroma – natürlich oder künstlich

Der Verfall unserer Geschmackskultur hat dazu geführt, dass viele Menschen offenbar nur noch stark ausgeprägte Aromen wahrnehmen und als angenehm oder unangenehm empfinden.

Wie die ganze Nahrungsmittelindustrie mit ihren unzähligen Kunstprodukten aus der „Hexenküche" der Food-Designer so haben sich auch die Teemischfirmen sehr schnell auf diesen neuen Zeit- und Geschmacksgeist eingestellt. Es werden Teemischungen mit den exotischsten und abenteuerlichsten Namen angeboten, wohl wissend, dass Name und Duft das Käuferverhalten ganz wesentlich beeinflussen. „Der Mensch will betrogen sein", ein alter Spruch, der sich mir in diesem Zusammenhang immer wieder aufdrängt. Wie sonst wäre es zu erklären, dass man im Grunde immer wieder die gleiche Sorte Früchtetee oder Schwarztee kauft, sie aber jedes Mal anders schmeckt – je nach Vorliebe mal mehr nach Weihnachten oder mehr nach Südsee.

Aromastoffe machen's möglich – und häufig sorgen sie ohne Aufpreis für Kopfschmerzen! Schon oft kamen Kunden mit dieser Erfahrung der unangenehmen Art zu mir und verlangten daraufhin einen puren Kräuter- oder Früchtetee ohne Parfüm, also ohne künstliche Aromen. In Zeiten von Convinience-Küche, Fastfood, Mikrowelle und einer „Dosenkultur" haben die meisten von uns die Sensibilität ihrer Geschmacksnerven in Bezug auf Vielfalt und Feinheit unserer Ur-Nahrungsmittel schon stark strapaziert und viele haben regelrecht verlernt, was wirklich gut schmeckt. Diese Tatsache stimmt mich nicht gerade positiv, wie Sie sich wohl denken können, denn nicht nur die Sensibilität für Nahrungsmittel ist verloren gegangen ...

Stimmungsvoll genießen: Tee ist mehr als ein Getränk.

Aber Gott sei Dank sind nicht alle Menschen gleich, es gibt sie noch, die Teegenießer und Teeästheten der alten Schule. Wenn wir den Begriff „Tee" verwenden, dann kann es sich dabei, je nachdem, wo auf der Welt wir uns befinden, um ganz unterschiedliche Tees handeln. „Den Tee an sich" gibt es nicht. Denken Sie allein an die vielen Sorten Grün- und Schwarztee, die zwar letztendlich alle vom Teestrauch abstammen, jedoch je nach Herkunftsland, Anbaugebiet oder Fermentationsgrad ihr ganz eigenes Aroma besitzen. Nun ist das Thema Schwarztee nicht unbedingt das einer europäischen Kräuterhexe, darum möchte ich Ihnen in diesem Kapitel etwas mehr von der Zubereitung und Wirkung schmackhafter Kräutertees erzählen.

Kräutertee-Basiswissen

Die Teezubereitung

Beginnen wir mit der ursprünglichsten Art der Kräuterzubereitung: Dem Kräutertee. Wie bereits erwähnt, ist Tee nicht gleich Tee. Diesen Sachverhalt möchte ich gleich vorwegnehmen, auch wenn es sich banal anhört. Zunächst muss geklärt werden, welche Teile von welchen Pflanzen überhaupt benutzt werden können, um einen Tee mit einer rein erfrischenden Wirkung oder einen mit Heilwirkung zu erhalten. Es ist nämlich durchaus nicht gleichgültig, ob ich Blüten, Blätter, das ganze Kraut oder nur die Wurzel verwende, denn der Geschmack und die Wirkstoffe sind nicht immer gleichmäßig verteilt.

Manche Kräuter haben gleich einen mehrfachen Nutzen, je nachdem, welche Teile ich verwende. Der altbekannte Löwenzahn zum Beispiel kann als Blüte,

als Wurzel oder als Kraut für drei verschiedene Heilwirkungen verwendet werden. Er besitzt durch seine Inhaltsstoffe sowohl wassertreibende und Leber und Galle anregende als auch entgiftende und antirheumatische Eigenschaften.

Blüten, Blätter oder Frucht

Kräutertees werden also entweder aus Blüten, Blättern, Wurzeln, Früchten, Samen oder auch aus dem ganzen Kraut zubereitet. Teekräuter können einzeln, wie zum Beispiel Kamille, Salbei oder Pfefferminze, oder als Mischung aus verschiedenen Zutaten zur Anwendung kommen – sowohl im frischen als auch im getrockneten Zustand. Sie können Ihre Kräuter selbst sammeln, oder sie in

Frisch oder getrocknet verwendbare Tee-Zutaten

Erntefrische Kräuter werden getrocknet und sind dann lange haltbar.

Apotheken, Drogerien, Kräuterläden, in Reformhäusern und Naturkostläden oder direkt auf dem Markt kaufen. Nachdem Sie sich in den Besitz solcher Schätze aus der Natur gebracht haben, stellen Sie sich vielleicht die Frage: „Was mache ich nun damit?" Das kommt darauf an, ob Sie diese Kräuter frisch oder getrocknet verwenden möchten, denn danach richtet sich das weitere Vorgehen.

Frische Teekräuter

Zunächst möchte ich Ihnen erklären, auf was Sie bei frischen Kräutern achten sollten. Alle Frischkräuter werden zuerst einmal gründlich verlesen, geputzt und in diesem Fall auch gewaschen. An-

schließend wäre es sinnvoll, sie vorsichtig mit einem Küchentuch trocken zu tupfen.

Nun sind sie bereit für die weitere Verarbeitung. Sie können klein geschnitten zu Salaten, Suppen und Soßen gegeben oder aber als Tee aufgebrüht werden. Solange frische Pflanzen zu ernten sind, kann daraus jederzeit Tee zubereitet werden. Probieren Sie einmal frische Minze, Kamille, Schafgarbe, Melisse, Salbei und andere, klein geschnitten als Tee aufgebrüht und mit einigen frischen Beeren, Orangenscheiben, Honig oder einer Zimtstange gewürzt. Sie werden sich wundern, wie gut so ein Tee schmecken kann, auch dann wenn man *nicht* krank ist. Der Winter mit seinem „Trockentee" ist wieder lange genug.

Ringelblumentee aus frischen Blütenblättern

Wenn Sie nicht wissen, welche Pflanzenteile Sie verwenden sollen, gehen Sie einfach „Ihrer Nase" nach. Intensiv duftende Blätter oder Blüten weisen dabei den richtigen Weg. Bei der Zubereitung eines Frischtees ist allerdings eines zu beachten: Die Pflanzenzellen beinhalten noch ihren ganzen Wasseranteil. Somit liegt der Wirkstoff oder das Aroma verdünnt vor und Sie benötigen von frischen Pflanzen etwa die doppelte Menge im Vergleich zu getrockneten Tee-Zutaten. Das bedeutet, Sie brauchen zwei Esslöffel frische Teekräuter pro Tasse im Vergleich zu einem Esslöffel getrockneter Teemischung.

Getrocknete Teekräuter

Die weitaus bekannteste Art der Teezubereitung ist die aus getrockneten Pflanzenteilen. In meinen Kräuterseminaren werde ich oft gefragt, ob man Pflanzen vor dem Trocknen nicht doch lieber waschen sollte? Meine Antwort auf solch eine Fragestellung lautet immer wieder: „Um Gottes Willen, bitte nicht!" Denn nach dieser Reinigung ist das Trocknen fast nicht mehr möglich. Warum das so ist, möchte ich Ihnen kurz erklären: Feuchte Pflanzenteile, und seien sie noch so gut trockengetupft, fangen sehr schnell an zu verderben, falls sie nicht gleich verwendet werden können. Diese Erfahrung haben Sie wahrscheinlich schon mit so manchem Salatkopf oder mit Gemüse gemacht. Und genauso verhält es sich mit feuchten Kräutern. Außerdem sollte die Trockenzeit für Kräuter so kurz wie möglich gehalten werden, damit die wertvollen Inhaltsstoffe und Aromen nicht zerstört werden. Das oberste Sammelgebot lautet daher: Nur an trockenen und warmen Tagen und frühestens drei Tage nach einer Regenperiode losziehen. Erst dann kann man davon ausgehen, dass keine Restfeuchte mehr vorliegt. Damit schaffe ich die besten Bedingungen, um ein schnelles Trocknen zu gewährleisten. Trockenmethoden wie Backofen oder Dörrapparat sind nur bedingt geeignet, von der Mikrowelle ganz zu schweigen.

Nun höre ich jedoch immer wieder so manche besorgte Hausfrau sagen: „Aber Kräuter sind doch schmutzig!" Nun, der sichtbare anhaftende Schmutz in Form von Sand, Erde oder Steinchen wird während des Trocknungsvorganges regelrecht „abgesprengt", weil die Pflanzenzellen schrumpfen. Unsichtbaren Schmutz können wir bereits durch die Auswahl der Sammel- oder Anbaufläche beträchtlich reduzieren, indem wir Umweltbelastungen durch Spritzen, Düngen, Abgase oder Hundeverkehr vorab ausschließen. Die meisten Kräutertees werden außerdem kochend(!) überbrüht, wobei noch einmal eine Reduktion eventuell vorhandener Verunreinigungen erfolgt. Ich hoffe, ich kann Sie mit diesen Argumenten beruhigen, immerhin wird die Herstellung von Trockentees oder Gewürzmischungen schon seit Jahrtausenden auf diese Art und Weise praktiziert, und das mit Erfolg wohlgemerkt!

Optimal gemischt: Husten- und Bronchialtee

Teekräuter lagern

Die Vorteile eines Trockentees liegen darin, dass ein solcher Tee eine gute Lagerfähigkeit besitzt, darüber hinaus kann bei sachgemäßem Umgang eine weitgehend gleichbleibende Qualität gewährleistet werden. Auf diese Art und Weise ist eine Versorgung auch in solchen Gegenden möglich, in denen nicht alle oder nur einzelne Teepflanzen vorkommen. Dies gilt besonders für Heil-

In gut schließenden Dosen behalten getrocknete Teekräuter ihr volles Aroma.

pflanzen, Kräuter und Gewürze aus fremden Ländern, die übrigens einen großen Teil des Heilpflanzenangebotes ausmachen.

Getrocknete Kräuter werden in gut verschließbaren Gläsern oder Dosen dunkel aufbewahrt. Diese sollten nach Möglichkeit beschriftet werden, damit keine Verwechslungen vorkommen können. Kräutertees werden, wie bereits erwähnt, als Einzelsubstanz oder Mischung getrunken, egal, ob es sich um einen Trocken- oder Frischtee handelt. Den „Einsteigern" in Sachen Kräutertee rate ich, zunächst einmal die einzelnen Kräuter pur zu probieren, damit Sie einen Geschmack und eine Vorstellung davon bekommen, wie sich das Aroma entwickelt und für welche Mischungen und in welcher Konzentration das einzelne Kraut geeignet ist. Außerdem wäre es sinnvoll, auf jedes Teevorratsgefäß ein Etikett mit dem Erntemonat anzubringen, denn viel länger als ein Jahr sollte man die meisten getrockneten Kräuter nicht aufbewahren.

Vergnügungstees & Heiltees

In meinen Kräuterhexenläden gibt es zwei Abteilungen von Kräutertees: In der einen Abteilung befinden sich alle Teemischungen und Einzelsubstanzen, die unterstützend bei Erkrankungen eingesetzt werden können, die so genannten Heiltees. Mit der zweiten Abteilung habe ich immer ein Problem der Definition. Ich meine damit alle Teemischungen und Einzelsubstanzen, die keine spezifische Wirkung besitzen und in er-

Bei der Kräuterhexe gibt es sowohl Vergnügungstees als auch Heiltees.

ster Linie als Durstlöscher oder Genusstees getrunken werden. Eine meiner geschätzten Unterhexen hatte dann die Idee, diese als „Vergnügungstees" zu bezeichnen. Von Stund an gibt es bei der Kräuterhexe also Heil- und Vergnügungstees.

Als „Kräuterneuling" werden Sie sich nach meiner Erfahrung zuerst einmal mit der Herstellung eines Vergnügungstees für jeden Tag befassen wollen. Das einfachste Mischungsverhältnis ist immer 1 : 1 – das heißt zu gleichen Teilen. Wenn Sie später einmal die Höhen des Teeolymps erklommen haben, werden Sie auch differenzierte Mischungen zusammenstellen können.

Zubereitungsformen

Bei der Teezubereitung unterscheidet man zwischen Aufguss, Abkochung oder Mazeration (Kaltansatz), je nachdem, welche Pflanzenteile verwendet werden.

Der Aufguss

Die wohl bekannteste Art, Tee aufzubrühen, ist der Aufguss. Bei einem Teeaufguss werden die zerkleinerten Drogen (das hat nichts mit Rauschgift zu tun!) in der Teekanne oder in der Tasse mit kochendem Wasser überbrüht.
Das Ganze lässt man etwa fünf Minuten ziehen, seiht dann ab und fertig ist der trinkfertige Teeauszug. Geeignete Pflanzenteile für den Teeaufguss sind Blüten und Blätter oder aber das ganze Kraut einer Heilpflanze, sofern die Stiele noch nicht zu sehr verholzt sind.
Solch ein Aufguss ist gleichzeitig die schonendste Art der Teezubereitung. Er eignet sich daher speziell für Kräuter, die einen hohen Anteil an ätherischen Ölen besitzen, welche sich bei starkem Erhitzen oder gar Kochen verflüchtigen würden. Ein Teeaufguss lässt sich sowohl frisch als auch mit Trockentee zubereiten. Eines sollten Sie dabei unbedingt beachten: Lassen Sie ihn zugedeckt ziehen! Nur dann können sich der Geschmack und die eventuelle Heilwirkung eines Tees richtig entfalten und die innerliche Anwendung macht Sinn. Ansonsten haben sämtliche ätherische Öle, die übrigens zu den wirksamsten Teebestandteilen gehören, die Möglichkeit,

Heißer Aufguss: Teekräuter werden mit kochendem Wasser überbrüht.

sich im ganzen Raum zu verteilen, was Ihnen als Teetrinker dann freilich wenig nützt.

Die Abkochung

Alle harten Pflanzenteile wie Wurzeln, Zweige, Stängel, Rinden, Früchte und Samen müssen abgekocht werden, damit die heilkräftigen Bestandteile ihre Wirkung entfalten können. Zu den Rinden und Hölzern, die als Teegrundlage verwendet werden können, gehören Weiden- und Eichenrinde, Zimtrinde und rotes Sandelholz. Wurzeln, die gekocht werden sollten, sind unter anderem Liebstöckel, Löwenzahn, Baldrian, Hauhechelwurzel und Süßholzwurzel. Zinnkrauttee muss wegen seiner relativ harten Pflanzensubstanz gekocht werden. Die Kochzeit für alle diese Teedrogen beträgt etwa zehn Minuten.

Vom Löwenzahn werden Blüten, Kraut und Wurzelstücke als Teedrogen genutzt.

Es gibt auch Teemischungen, in denen Blüten- und Blattdrogen und gleichzeitig Wurzel- und Rindenteile zu finden sind und deren Zubereitung als Aufguss empfohlen wird. In diesem Fall wird der Zerkleinerungsgrad der holzigen Bestandteile so fein gewählt, dass sie schon durch Überbrühen einen wirksamen Teeaufguss ergeben.

Ideal für unterwegs: heißes Wasser in der Thermoskanne

Kaltansatz oder Mazeration

Eine Besonderheit bei der Zubereitung von Tees oder Pflanzenauszügen stellt der so genannte Kaltauszug dar. Er ist immer dann angebracht, wenn es sich um Pflanzen mit einem hohen Schleimstoffgehalt handelt oder um Kräuter mit Inhaltstoffen, die bei einem heißen Aufguss oder gar beim Kochen herausgelöst werden und unter Umständen sogar eine leicht giftige Wirkung zeigen würden. Der Kaltansatz löst aus diesen Heilpflanzen lediglich die für unsere Gesundheit wichtigen Substanzen heraus. Die Kräuter wie Kalmus- oder Eibischwurzel werden bei der Mazeration mehrere Stunden, am besten über Nacht, eingelegt und anschließend abfiltriert. Solch einen Auszug erwärmt man auf Trinktemperatur (nicht sieden, nicht kochen), um ihn dann als Tee zu genießen.

Tipp für mobile Teetrinker

Grundsätzlich sollten alle Teezubereitungen frisch hergestellt werden. Eine zu lange Hitzeeinwirkung, zum Beispiel in einer Thermoskanne, würde viele wichtige Inhaltsstoffe und auch den guten Geschmack ruinieren. Eine Thermoskanne mit heißem Wasser bietet sich jedoch an, wenn keine Möglichkeit besteht, solches zu bekommen, zum Beispiel um unterwegs jederzeit einen Tee frisch aufbrühen zu können.

Tee ist ein Heißgetränk, darum gehört ein Stövchen einfach dazu.

Gewürzmischungen
und
Gewürzsalze

Würzkräutergeheimnisse

Rosmarin: Heilkraut und Küchenstar

Die Verwendung von würzigen und aromatischen Kräutern bei der Zubereitung von Speisen hat eine ebenso lange Tradition wie die Anwendung zu Heilzwecken. Bei meinen Kräuterseminaren lege ich immer Wert auf die Feststellung, dass die meisten Teepflanzen gleichzeitig Gewürze darstellen. Eine klare Trennung in Gewürz- oder Heilpflanze ist in vielen Fällen gar nicht möglich.

Um Ihnen diesen Sachverhalt etwas näher zu bringen, möchte ich Ihnen zunächst einmal mein persönliches Lieblingskraut, den Rosmarin, vorstellen.

Rosmarin aktiviert den Kreislauf und die Nerven und er kräftigt bei Erschöpfungszuständen. Er ist das „Hallo-wach-Kraut" von der Fensterbank und daher vor allem für Morgenmuffel geeignet. Da es sich bei diesen Zeitgenossen häufig um Hypotoniker, also Menschen mit niedrigem Blutdruck, handelt, wird sich die kreislaufanregende Wirkung sehr positiv bemerkbar machen, so dass man die Welt bereits vor zehn Uhr morgens als solche wiedererkennt.

Der Geschmack vieler Gerichte bekommt erst durch eine Prise Rosmarin den richtigen Pfiff. Die reichlich vorhandenen ätherischen Öle, machen sich bereits bei der Zubereitung wohltuend bemerkbar. In der Mittelmeer-Küche genießt er darum ein sehr hohes Ansehen. Hähnchen, Schweinebraten, Bratkartoffeln, Hammel, Käse und Salate werden mit diesem Kraut zum einen lecker und zum anderen leichter verdaulich. Sie sollten den stark würzigen Rosmarin nur in kleinen Mengen verwenden, sonst wird er zu dominant und „erschlägt" jedes feinere Aroma.

Die Reihe der Gewürzkräuter, die gleichzeitig eine Heilwirkung besitzen, ist lang. Denken Sie nur einmal an Salbei, Thymian, Kümmel, Anis, Minze, Zwiebeln, Lavendel, Majoran.

Rosmarin, der „Tau des Meeres" ist ein klassisches Mittelmeergewürz.

Traditionell oder modern

Die Gesundheit aus der Küche war schon unseren Urahnen bekannt, lange bevor man von speziellen Diäten sprach. Es war ein Hauptanliegen unserer Urgroßmütter und Großmütter, die Familie mit Hilfe von Heil- und Gewürzkräutern gesund zu erhalten, weil die medizinischen Möglichkeiten jahrhundertelang eher unzureichend waren. Es war also außerordentlich wichtig, gar nicht erst krank zu werden. Beim Blättern in alten Kräuterbüchern bin ich sehr oft auf Ernährungsratschläge und Speisenempfehlungen gestoßen, die allein den Zweck hatten, sich mit Genuss gesund zu erhalten oder sich wieder gesund zu essen. Gewürzkräuter waren dafür wichtig und sie waren in ihrer Vielfalt bekannt.

Die Fortschrittsgläubigkeit auf technischem und chemischem Gebiet, die Perfektion der industriellen Massenproduktion und der sich daraus entwickelnde Wohlstand führten Ende des 20. Jahrhunderts mit dazu, dass Kräuter im täglichen Gebrauch kontinuierlich an Bedeutung einbüßten. Man empfand es wohl schlicht als zu aufwendig, sich mit diesem Thema weiter zu beschäftigen. Fertigprodukte aus Tüte, Dose oder aus der Tiefkühltruhe schienen für die neuen, zunehmend von Hektik geprägten Kochgewohnheiten besser geeignet zu sein als das altmodische Würzkräutlein von Großmutter.

Die Verwendung von Würzkräutern in der Küche reduzierte sich somit auf Petersilie, Schnittlauch, Dill, Majoran,

In Zwiebeln stecken mehr Heilkräfte drin als wir vermuten.

Die Beeren des Pfefferstrauchs werden entweder zu schwarzem, grünem oder weißem Pfeffer.

Zwiebeln, Pfeffer und Salz. Erst gegen Ende des letzten Jahrhunderts, als sich das noch junge Kommunikationszeitalter und die Globalisierung stärker bemerkbar machten, setzte ein Umdenkprozess ein und man erinnerte sich daran, dass es noch so etwas wie „Mutter Natur" mit ihren Schätzen gibt.
Die Kräuter wurden neu entdeckt! Auch durch die zunehmende Reisetätigkeit wurde Kochen mit Kräutern wieder populär, denn in vielen Ländern dieser Welt wurde und wird nach wie vor mit reichlich Kräutern und Gewürzen gekocht. Die häufigere Verwendung von Basilikum & Co. in der Küche kann im Alltag wenigstens einen Hauch von Urlaubsfeeling herbeizaubern und das tut ja uns allen nur gut.

Geschmacksverstärker, nein danke!

Dass es sich auf Dauer nicht lohnt, in der Ernährung permanent gegen die Grundregeln der Natur zu verstoßen, beweist das große Heer der Verdauungsgestörten und Allergiker. Geschmacksverstärker, Emulgatoren, Stabilisatoren, Farbstoffe, Konservierungsstoffe, Trennmittel und was wir sonst noch alles schlucken, fordern ihren Tribut. Leider kann sich ein Großteil unserer Bevölkerung dieser Entwicklung aufgrund der bestehenden Lebensumstände (Kantine, Fastfood usw.) nicht ganz entziehen. Darum ist es meines Erachtens wichtig, wenigstens zu Hause auf eine gesunde Zusammenstellung der Speisen zu achten und ernährungsbedingten Fehlentwicklungen entgegenzusteuern. Mit dem Ausspruch: „Es gab ein Leben vor Fertiggewürzmischungen!" werde ich meinen erhobenen Kräuterhexenzeigefinger jetzt wieder senken und Ihnen Alternativen aufzeigen.

Petersilie – das Suppenkraut schlechthin

Küchenkräuter kulinarisch

„Schweynenacken" & „gesotten Äyer"

Begeben wir uns zunächst einmal einige Jahrhunderte zurück ins Mittelalter. Zur Zeit Melanchthons, der übrigens in meiner Nachbarschaft lebte und wirkte, waren diese zwei Rezepte sehr beliebt (Quelle: „Die Garküche" von Leo Vogt): „Gesotten Äyer mit Kräutern und Zwieblin und Bärlauch" und „im Ofen gebratener Nacken von jungen Schweynen auf gelben Rüblin mit sauer Kraut".
Wie Sie sehen, gab es schon immer Vorlieben für Deftiges mit Fleisch und daneben fleischlose Speisen. Was die gekochten Eier angeht, so schmeckt dazu eine Frischkräutermischung aus Zwiebeln, Bärlauch, Knoblauchrauke, wildem Schnittlauch, Pimpinelle, Kerbel, Estragon und sauer eingelegten Gurken sicherlich heute noch. Eine solche Kräuterkombination ist nicht nur schmackhaft, sondern gleichzeitig vitamin- und mineralstoffreich und sie dient dazu, den Stoffwechsel insgesamt anzuregen.

Verdauungskräuter verwenden

Beim Schweinenacken würde ich heute wohl zu einer fettverdauungsfördernden Würzmischung raten. Diese wird aus Trockenkräutern zusammengestellt, da viele Gewürze erst so ihre wohlschmeckenden und gesundheitsförderlichen Inhaltsstoffe voll entfalten. Thymian, Majoran, Bohnenkraut, Rosmarin, Kümmel, Pfeffer und ein Hauch Salbei wären hier die richtigen Trockenkräuter, um schmackhaft und verdauungsfördernd zu würzen. Ätherische

Bewusst Essen: Lieber kleinere Portionen, die aber mit guten Zutaten!

Öle und Bitterstoffe sorgen für die Bildung von Verdauungssäften in unserem Organismus. Magen, Bauchspeicheldrüse, Leber und Galle werden auf diese Weise in ihrer Arbeit unterstützt und angeregt, die Fettbestandteile unserer Nahrung schnell und effektiv zu verdauen, damit wir uns selbst nach einem etwas deftigen Gericht nicht unwohl fühlen müssen. Allerdings gilt hier der Grundsatz: „Essen mit Maß und Ziel." Vor allzu großen und häufigen Portionen würden nämlich selbst die besten Verdauungskräuter kapitulieren.

Mal viel, mal wenig – je nach Kraut

Was nun die Dosierung der Würzkräuter betrifft, so bleibt es Ihnen überlassen, in welcher Intensität Sie diese verwenden. Grundsätzlich sollte man jedoch den Geschmack des einzelnen Krautes kennen, um eine Überdosierung zu vermeiden. Ich möchte Ihnen diesen Sachverhalt noch einmal mit Hilfe der beim historischen Schweinenacken-Rezept empfohlenen Kräuter und Gewürze erklären.

Mischung für deftige Gerichte

Thymian enthält sehr viele ätherische Öle, außerdem Harz, Gerb- und Bitterstoffe. Sein Geschmack ist stark würzig und intensiv, aber auch leicht bitter und scharf. Thymian sollte eher sparsam verwendet werden, denn er spielt weniger intensive Würzkräuter glatt an die Wand.

Ähnlich verhält es sich mit dem **Rosmarin**. Auch er gehört zu den dominanten Persönlichkeiten aus dem Reich der Kräuter – wer einmal auf eine Rosmarinnadel gebissen hat, wird mir zustimmen. Rosmarin wird oft nur während des Garens zugesetzt und vor dem Servieren wieder entfernt.

Majoran oder „Wurstkraut", wie diese Pflanze noch genannt wird, erinnert vom Geschmack her an Thymian, ist aber wesentlich lieblicher und kann daher etwas reichlicher zum Würzen verwendet werden. Majoran wirkt krampflösend und magenerwärmend. Ich würde ihn aus diesem Grund als das „Wohlfühlkraut für alle Verdauungsgestörten" bezeichnen.

Bohnenkraut riecht und schmeckt so wie es heißt, nämlich nach Bohnen. Außerdem kommt noch eine leicht pfeffrige Nuance dazu. Ähnlich dem Majoran wird Bohnenkraut für deftige Gerichte wie Bratkartoffeln, Eintöpfe, Ragouts, Wurst- und Fleischsalate und in geringen Mengen für Rohkost verwendet. Dass das Bohnenkraut laut Messegué die Manneskraft stärken soll, ist dagegen weniger bekannt. Für diese Anwendung wird die Zubereitung als Tee empfohlen, welcher wahrscheinlich nicht jedermanns Geschmack treffen wird. Eine Therapie mit Bohnenkraut wird daher eher durch die Köchin (oder den Koch) durchzuführen sein.

Kümmel gilt als eines der ältesten Gewürze der Menschheit überhaupt. Er gehört zu den zweijährigen Kräutern und

Majoran ist ein klassisches Wurstgewürz.

36

Kräuterhexen haben ein eher gespaltenes Verhältnis zum Kümmel.

kann ohne große Probleme im Garten angebaut werden. Im ersten Jahr können Sie zunächst die frischen Blätter verwenden, bevor dann im zweiten Jahr die Samenfrüchte an die Reihe kommen. Kümmel ist reich an ätherischen Ölen. Er enthält auch fette Öle und Gerbstoffe, hat jedoch keine Schärfe. Er gehört wie Fenchel und Anis zu den klassischen „Bauchwehkräutern", da er magenkräftigend und blähungstreibend wirkt.

Das frisch zerstoßene Kümmelkorn entfaltet die größte Heilwirkung, sei es nun als Tee oder Gewürz. Was den Geschmack betrifft, scheiden sich beim Kümmel allerdings die Geister. Früher stand er sogar unter Verdacht, Zwerge und Kräuterhexen zu vertreiben. Und tatsächlich: Mich schlägt jedes Kümmelbrot, jede Wurst oder jeder Käse mit Kümmel in die Flucht. Die angenehm erwärmende Wirkung von eiskalt getrunkenem Kümmelschnaps ist allerdings sogar mir je nach Speisenfolge recht willkommen.

Pfeffer wurde früher mit Gold aufgewogen und die Gewürzhändler jener Zeiten wurden nicht selten als „Pfeffersäcke" bezeichnet, die sich durch den Handel mit diesem exotischen Gewürz mit der Zeit die Geldsäcke üppig füllten. „Der König mit den drei Farben" war schon im 4. Jahrhundert bekannt und genoss hohes Ansehen. Der Pfeffer stammt ursprünglich aus Malaba an der Südspitze Vorderindiens. Viele hundert Jahre lang scheute man weder Kosten noch Mühen, um ihn auf dem Seeweg nach Europa zu transportieren. Wenn Sie jemanden ein Geschenk überreichen möchten, das Glück und Wohlstand symbolisiert, so darf es auch heute noch gerne ein kleines Pfeffersäckchen sein.

Und so entsteht die Farbe des Pfeffers: Wird Pfeffer unreif geerntet, ist er grün. Wurde er unreif geerntet und anschließend getrocknet, so erhält man schwarzen Pfeffer. Reif und geschält ist er weiß. Ich hoffe, dass ich Sie jetzt nicht total verwirrt habe!

37

In manchen Gegenden gibt es doch tatsächlich ein Gartenkraut mit dem Namen „Sophie". Weitere, noch merkwürdigere Bezeichnungen lauten: „Salser", „Sabikraut", „Sparleiblätter", „Zahnblätter", „Geschmackblatt", „Götterspeise", „Altweiberschmecken" (wie nett!!) oder ganz ehrfürchtig: „Strauch, der das Heil der Welt barg". Interessant finde ich den Namen „Tugendsalbei", was immer er zu bedeuten hat.

Nun, Sie haben es bestimmt längst erraten, ich spreche von dem Hauch **Gartensalbei**, *Salvia officinalis*, in unserer Würzmischung für den historischen Schweinenacken. Obwohl Salbei in erster Linie als Halswehkraut in Form von Tee, als Gurgelmittel oder Bonbons angewendet wird, ist sein Geschmack und seine verdauungsfördernde Wirkung bei der Zubereitung von Speisen nicht uninteressant. Allerdings sollte es wirklich bei einem Hauch oder einzelnen Blättern bleiben, Salbei gehört nämlich ebenfalls zu den dominanten Würzpflanzen. Seine allgemein kräftigenden und antiseptischen Eigenschaften können Sie aber durchaus kulinarisch nutzen.

So, nun kennen Sie das Geheimnis einer wohltuenden Kräutermischung für deftige Gerichte. Wie Sie nun die Anteile zusammenstellen, ob Sie das eine oder andere Kraut vielleicht sogar weglassen, bleibt allein Ihnen und Ihrem Geschmack überlassen. Theoretisch wäre vielleicht nur eines dieser Kräuter nötig, denn jedes für sich besitzt verdauungsfördernde Inhaltsstoffe, aber die Mischung ergänzt sich eben in der Wirkung und im Aroma.

Im Mittelalter als „Wanzenkraut"
verschmäht: Koriander

„Gelbe Rüben" & „Sauerkraut"

Für die „gelben Rüblin" würde ich eine Mischung aus Thymian und frischen Korianderblättern empfehlen. **Koriander** zeigt, wie sich im Lauf der Zeit die Ansichten über ein Kraut wandeln können. Leonhart Fuchs, ein berühmter „Kreutterbuch-Autor", beschrieb ihn anno 1543 so: „In Apothecken nennt man's Coriandrum hat sein Namen von den Wantzen her (...) denn kein Wantz kann nit so übel stincken als der grün Coriander." Im Mittelalter wurde der Koriander häufig geringschätzig „Wanzenkraut" genannt.

Heute dagegen dürfen weder Kraut noch Samen in der Feinschmeckerküche fehlen. Fein gemahlene Koriandersamen bereichern orientalische Currymischungen, meine Fischkräutermischung sowie Brot-, Lebkuchen- und Einmachgewürze. Wer gezuckerte, reife Koriandersamen kaut, kann damit Knoblauchdunst mildern. Und auch das frische Grün ist toll zum Würzen. Säen Sie einmal einige Koriandersamen aus Ihrem Gewürzregal ab März in Schalen aus. Auf der Fensterbank keimen sie bald und man kann dann jederzeit küchenfrisch ernten.

Das zu unserem altertümlichen Gericht gereichte „sauer Kraut" wird klassisch mit Wacholderbeeren, wenig Kümmel, Zwiebeln und Lorbeerblättern gewürzt. Anhand dieser wenigen Würzbeispiele wird deutlich, wie vielfältig die Anwendung von Kräutern und Gewürzen ist. Ich möchte noch einmal auf den Unterschied zwischen frischen und getrockneten Gewürzkräutern eingehen.

Frische Gartenkräuter

Frische Küchenkräuter für die hohe Schule der Würzkunst sollten eigentlich immer zur alltäglichen Zubereitung von Speisen zur Verfügung stehen. Selbst in einer Etagenwohnung in der Großstadt können die meisten Kräuterpflanzen kultiviert werden. Ein Balkon und einige Pflanzgefäße reichen dafür aus.

Wie schon am Beispiel des Korianders erwähnt, ist es möglich, durch Aussaat für genügend „Schnittgrün" zu sorgen. Ich habe meine ersten Kräuter lange vor meiner Kräuterhexenkarriere in einem Mörtelkübel auf einer Dachterrasse herangezogen und kultiviert. Über die damaligen Anbauerfolge habe ich bereits in meinem Buch „Mein Kräuterhexengarten" berichtet.

Kräuterpflanzen brauchen nicht viel Platz, aber Sonne.

Der Vorteil von selbst angebauten Kräutern besteht darin, dass sie immer taufrisch und unmittelbar zur Verfügung stehen. Kräuter vom Markt oder aus dem Lebensmittelgeschäft haben dagegen meistens eine längere Transport- und Lagerzeit hinter sich gebracht, was sich natürlich auf den Zustand und die Würzkraft auswirkt. Sogar frisch geerntete Marktkräuter brauchen zuhause zunächst einmal eine Erfrischung in Form von Wasser, bevor sie weiterverarbeitet werden können. Ganz zu schweigen von irgendwelchen exotischen Zutaten, die meist schon richtig weit gereist sind.

Da lobe ich mir doch meinen eigenen Kräutergarten oder die frisch gesammelten Zutaten aus Feld und Wald – von den Kosten einmal ganz abgesehen. Frischkräuter werden den Speisen immer erst unmittelbar vor dem Servieren zugesetzt, damit sie ihr volles Aroma einbringen können. Einige Kräuter, unter anderem Bohnenkraut, Liebstöckel und Rosmarin, können jedoch mitgekocht werden. Eine vollständige Liste der Frischkräuter würde sehr lang ausfallen, darum möchte ich Ihnen hier nur die wichtigsten aufzählen: Basilikum, Bohnenkraut, Borretsch, Dill, Estragon, Kresse, Kerbel, Knoblauch, Majoran, Petersilie, Pimpinelle, Pfefferminze, Sauerampfer, Schnittlauch, Schnittsellerie, Ysop, Zitronenmelisse und Zwiebel. Mit dieser Kräuterauswahl sind Sie für alle möglichen und unmöglichen Würzsituationen in der Küche schon einmal bestens gewappnet.

Trockenkräuter

Es gibt einzelne Fälle, in denen Kräuter erst in getrocknetem Zustand ihre volle Würzkraft entwickeln. Ein Paradebeispiel hierfür wäre der Beifuß. Dieses klassische Bratengewürz bekommt erst durch das Trocknen sein typisches Aroma. Im Juli oder August erntet man die Blütenrispen dieses „sanften Bruders des Wermuts" und trocknet sie an einem schattigen, warmen und möglichst zugfreien Ort.

**Frisch gesammelt:
Kräuter aus Feld und Flur**

Viele Würzkräuter lassen sich bei uns nicht oder nur relativ schwer kultivieren. In diesem Fall müssen wir ganz auf getrocknete Ware zurückgreifen. Deshalb ist es ratsam, sich ein wohl sortiertes Gewürzregal mit bereits getrockneten und geschnittenen Schätzen einzurichten. Solch eine Vorratshaltung ist besonders in der kalten Jahreszeit, in welcher weder kultiviert noch geerntet werden kann, Gold wert.

Würzen & Nachwürzen

Nachdem wir nun als angehende Kräuterköche für eine ausreichende Anzahl von Frisch- und Trockenkräutern in der Küche gesorgt haben, stellt sich häufig die praktische Frage: „Und wie viel muss ich davon nehmen?"

Im Kräutergarten sind meine Küchenkräuter immer zum Greifen nah.

Die Antwort ist leicht und schwierig zugleich. Zunächst ersetzen wir das Wort „muss" durch „kann", „soll" oder „darf". Das klingt schon weniger diktatorisch, denn bei der Anwendung von Kräutern sind Sie Ihr eigener Herr und es ist Ihr Geschmack. Da die Geschmäcker bekanntlich verschieden sind, gibt es auch keine allgemein verbindliche Antwort. Sie dürfen schalten und walten wie Sie wollen, solange das Endergebnis genießbar ist. Am Anfang wird häufig der Fehler gemacht, dass man zu viel des Guten tut, weil die Intensität der einzelnen Kräuter noch nicht ausreichend bekannt

ist. Mit der Zeit bekommen Sie aber ein Gefühl für die richtige Menge.

Mein Tipp: Beginnen Sie lieber zaghaft, Nachwürzen ist später immer noch möglich! Was die Verwendung von Kräutern allgemein betrifft, so herrscht noch sehr viel Unwissen. Nicht nur Soßen, Suppen und Salate sind geeignete Kräuterspeisen, auch Fleisch, Fisch, Backwaren, Nudeln, Gemüse und Desserts können mit Kräutern und Gewürzen kulinarisch „veredelt" werden.

Kräutersalz

Das „Salz in der Suppe"

Nachdem ich Ihnen nun Einblick in einen Teil meiner Würzkräutergeheimnisse gegeben habe, möchte ich auf eine weitere Spezialität aus dem Gewürzregal hinweisen. Die Rede ist von Kräutersalz, einer der ältesten Kräuterzubereitungen in der Küche. Salz verstärkt den Geschmack von Speisen und Gewürzen. Diese Eigenschaft ist bereits seit Jahrtausenden bekannt und hat dazu geführt, dass der Handel mit Salz unzähligen Menschen zu großem Reichtum verholfen hat. Bereits in der Bibel können wir das Gleichnis

vom „Salz in der Suppe" nachlesen. Salz ist ein Lebensmittel, ohne das es uns und unserem Organismus ziemlich schlecht gehen würde. Man kann dem Einen oder Anderen so manche Suppe aber auch ganz schön versalzen – im übertragenen Sinn wohlgemerkt! Es sei denn, man ist verliebt, was ja ab und zu vorkommen soll.

Salz gehört bis auf den heutigen Tag zu unseren wichtigsten Konservierungsstoffen. Es entzieht den Speisen Wasser, für Mikroorganismen werden sie dadurch ungenießbar und sie können sich nicht mehr vermehren. Salzgurken, Salzheringe, Salzfleisch, Sardellen, Oliven oder Bohnen lassen sich so haltbar machen. Der hohe Salzgehalt einer solchen Zubereitung muss bei der Verwendung in der Küche berücksichtigt werden. Zu viel des Guten kann schon wieder schaden. Dies trifft besonders für Menschen mit einem hohen Blutdruck zu.

Kräutersalze können wie Kräuterwürzmischungen in vielen Variationen zusammengestellt werden. Neben verschiedenen Einzelkräutersalzen wie Basilikumsalz, Majoransalz, Liebstöckelsalz oder Rosmarinsalz ist fast jede Kräuterkombination möglich. Auch hier gilt der Grundsatz, dass man seine Kräuter und deren spezifischen Geschmack kennen sollte.

Eine gute Prise Kräutersalz gehört zum Fischgericht.

So manches Süppchen lässt sich mit Suppenkräutersalz verfeinern.

Suppenkräutersalz

Die Zutaten:
- 20 g Liebstöckel, getrocknet
- 20 g Petersilie, getrocknet
- 10 g Muskatnuss, gemahlen
- 60 g Meersalz

Die klassischen Küchenkräuter Liebstöckel und Petersilie in einem Mörser fein verreiben und mit der Muskatnuss mischen. Alles zusammen mit dem Meersalz mischen und nochmals gut im Mörser verreiben, bis das Salz eine gleichmäßige Farbe angenommen hat.

Hausrezepte & Hausmischungen

In Haushalten, in denen noch gekocht und gebacken wird, existieren häufig noch ganz spezielle Hausrezepturen für Kartoffelsalat, Apfelkuchen, Braten und andere Speisen, wie sie eben nur dort zubereitet werden, obwohl es jede Menge Rezepte für Kartoffelsalat & Co. in unzähligen Rezeptbüchern gibt. Die traditionellen Rezepte „nach Art des Hauses", die vielleicht schon von der Uroma oder Oma übernommen wurden, stehen aber nach wie vor hoch im Kurs, weil sie meistens schlicht, einfach und gut sind. Ich habe übrigens bewusst die Formulierung „in denen noch gekocht und gebacken wird" gewählt, da dies in der heutigen Zeit nicht mehr unbedingt als selbstverständlich vorausgesetzt werden kann. Es gibt tatsächlich Haushalte mit einer sehr kostspieligen Kücheneinrichtung, in denen der Dosenöffner und die Mikrowelle die wichtigsten Geräte sind ...

Tomaten schmecken mit und ohne Salz.

43

Kleine Salzkunde

Zur Herstellung eines Kräutersalzes nach Art des Hauses benötigen wir einen Mörser, Salz und getrocknete Kräuter. Nun gibt es jedoch verschiedene Salze. Von der Körnung wie fein, sehr fein, körnig, Hagel- oder Kristallsalz einmal abgesehen, müssen wir uns noch zwischen Salinensalz und Meersalz entscheiden. Übrigens, zum besseren Verständnis für alle Chemiefans, die Rede ist hier einzig und allein von Natriumchlorid (NaCl = Kochsalz).

Salinensalz wird in Salzbergwerken abgebaut und meistens als wässrige Salzlösung, der Sole, in die Fabrik zur Weiterverarbeitung geleitet. Dort wird das Salz von Begleitstoffen gereinigt und durch Wasserentzug wieder auskristallisiert. Salinensalz besitzt aufgrund seiner Gewinnung keinen natürlichen Jodgehalt. Jod wird hier als lebenswichtiges Element teilweise zugesetzt. Es gibt auch jodfreies Salinensalz, weil Jod nicht für alle Menschen gesund ist.

Etwas anders verhält es sich bei **Meersalz**. Wie der Name schon sagt, handelt es sich hier tatsächlich um Salz aus dem Meer. Dass Meerwasser salzhaltig ist, hat schon jeder einmal, meistens unfreiwillig, im Urlaub festgestellt.

Meersalz ist aus ernährungsphysiologischer Sicht das wertvollere Salz, da sich in der getrockneten Substanz nicht nur Natriumchlorid, sondern auch noch jede Menge andere Mineralien und ein natürlicher Jodgehalt befinden. Ich verwende für meine Kräutersalzmischungen grundsätzlich nur diese Salzart. Geschmacklich besteht kein Unterschied, so dass es Ihnen überlassen ist, welches Salz Sie verwenden. Meersalz ist allerdings immer etwas teurer.

Kräutersalz herstellen

Die Herstellung eines Kräutersalzes ist denkbar einfach. Salz und getrocknete Kräuter werden gemischt und mit dem Stößel im Mörser fein verrieben. Durch diesen Vorgang werden beide Bestandteile feinst vermengt, durch die Wirkung der Adhäsionskräfte (= Aneinanderhaften) wird eine Trennung von Salz und Kräutern verhindert. Genau das würde nämlich passieren, wenn Sie beides bloß mischen würden. Das Kräutersalz ist „fertig", wenn es intensiv duftet und eine einheitliche „Farbe" vorweist. Der Kräuteranteil kann zwischen 10 und 30 Prozent, auf 100 Gramm gerechnet, liegen – je nach Geschmack und Salzvorliebe.

Das Salzrühren kann ohne Zeitverlust vor dem Fernseher durchgeführt werden. Man muss dann nur den Ton etwas lauter stellen. Wer einmal damit angefangen hat, wird sich bald eine ganze „Salzbar" zulegen, damit für jedes Gericht das entsprechende Gewürzsalz sofort griffbereit ist. Kräutersalz kann man gut auf Vorrat herstellen. Es ist in dicht schließenden Gefäßen praktisch „ewig" haltbar. Die Frage nach der Herstellung mit Frischkräutern erübrigt sich in diesem Zusammenhang, denn Feuchtigkeit und Salz passen nun wirklich nicht in *eine* Dose. Salz wirkt nämlich hygroskopisch, das heißt Wasser anziehend.

Salz würzt die Kräuterbutter und macht sie auch länger haltbar.

Wissenswertes
über
Kräuteröle

Schmackhafte Würzöle

Öl – vielseitig verwendbar

Neben den bereits besprochenen Kräuterwürzmischungen und dem Kräutersalz verleihen auch mit Kräutern und Gewürzen aromatisierte Öle vielen Gerichten eine besondere Note.

Lange Zeit war diese Art des Würzens bei uns in Vergessenheit geraten, vielleicht weil es für viele zu umständlich war, solche Spezialitäten selbst herzustellen und weil Würzöle im Handel nicht erhältlich waren. Dieser Zustand hat sich in den letzten Jahren jedoch grundlegend geändert. Im Zuge der „Zurück-zur-Natur-Welle" und der wiederentdeckten Landhausidylle liegen selbst angesetzte Kräuteröle voll im Trend.

**Salat und Würzöl –
eine leckere Kombination**

Auch in Küchen, in denen wenig gekocht wird, sind diese dekorativen Flaschen nicht mehr wegzudenken.

Öl ist sowohl für die Zubereitung von Salaten, Suppen und Soßen als auch zum Backen, Marinieren, Braten und Bräunen einsetzbar. Für mich ist es die vielseitigste Kochgrundlage überhaupt, denn ich kann damit vielen Gerichten eine ganz individuelle Note geben. Da Öle ausgezeichnete Geschmacksträger sind, benötigt man jeweils nur geringe Mengen an Kräutern und Gewürzen. Auf diese Art und Weise ist es möglich, Speisen geschmacklich abzurunden, ohne dass einzelne Gewürze zu sehr in den Vordergrund drängen, geschweige denn, dass man auf Lorbeerblätter, Pfefferkörner, Kümmelsamen oder gar Chilischoten beißen muss.

Kleine Ölkunde

Für den Fall, dass Sie sich selbst an die Herstellung eines Kräuterwürzöles wagen wollen, stellt sich zunächst einmal die Frage, welches Öl wohl das geeignetste dafür wäre. Ich gebe grundsätzlich die Empfehlung, möglichst kalt gepresste, gute Pflanzenöle mit wenig Eigengeschmack als Basisöl zu verwenden. Sicherlich werden jetzt viele von Ihnen sofort an natives Olivenöl extra denken, was auch durchaus berechtigt ist, denn es ist tatsächlich hervorragend geeignet. Es gibt jedoch noch andere interessante Ölsorten, die ebenso gut als Grundlage für ein Würzöl dienen können. Ich möchte Ihnen daher zunächst einmal die einzelnen Öle vorstellen.

Olivenöl

Olivenöl ist das traditionelle, klassische Speiseöl. Es wurde in der Antike aber nicht nur zum Kochen, sondern auch als Brennmaterial für Öllampen verwendet. Wein und Olivenöl sind seit Jahrtausenden rund ums Mittelmeer feste Bestandteile der Ernährung und man glaubte, damit ein langes Leben führen zu können, was zum Teil tatsächlich der Fall war und ist. Heute kennen wir die wertvollen Bestandteile dieser „Grundnahrungsmittel", die in Maßen genossen wirklich und im wahrsten Sinne des Wortes als „gesund" bezeichnet werden können.

Olivenöl wird durch Pressen und Mahlen der Früchte des Ölbaumes gewonnen. Bei der traditionellen Ölgewinnung werden die Oliven nach der Ernte zwischen zwei Mühlsteinen zerquetscht. Der dadurch entstandene Brei wird mit gekühlten, hydraulischen Pressen weiter bearbeitet, bis das Öl aus dem Fruchtfleisch herausfließt. Das so gewonnene kaltgepresste Öl wird anschließend lediglich filtriert. Am hochwertigsten ist das unraffinierte Öl der ersten Pressung.

Raffiniert oder naturbelassen?

Warm gepresste und raffinierte Öle sind zwar billiger und die Ölausbeute ist wesentlich höher, aber Qualität und Geschmack leiden unter diesem Herstellungsverfahren.

Ähnlich wie beim Wein unterscheiden sich Öle durch Farbe und Geschmack

Olivenöl wird seit der Antike als Speiseöl verwendet.

aber auch durch den Anbau, den Erntezustand, das Land und das Gewinnungsverfahren. Farblich variieren Olivenöle von Goldgelb bis zu dunklem Olivgrün. Die besten Olivenöle schmecken leicht nussig, fein und fruchtig. Sie stammen überwiegend aus Italien, Spanien, Griechenland und Frankreich. Für die Herstellung von Würzöl auf Olivenölbasis verwende ich natives Olivenöl extra, das so genannte „Jungfernöl" (extra virgin) der ersten Pressung. Es zeichnet sich durch seinen erlesenen Geschmack aus, stammt aus Kreta und trägt meine Lieblingsfarbe, ein zartes Olivgrün. Olivenöl bzw. aromatisierte Olivenöle sollten immer kühl, luftdicht und dunkel gelagert werden.

Maiskeimöl

Maiskeimöl wird aus dem fettreichen Keim des Maiskornes gewonnen. Es zählt zu den beliebtesten Speiseölen, da es relativ geschmacksneutral ist. Aus diesem Grund ist es ideal geeignet für die Herstellung von Würzölen mit sehr intensiv schmeckenden Kräutern und Gewürzen. Es ist reich an mehrfach ungesättigten Fettsäuren und sollte darum nicht zu hoch erhitzt werden (eignet sich nicht zum Braten oder Grillen).

Erdnussöl

Erdnussöl ist hellgelb bis farblos und fast geruchs- und geschmacklos. Es kann sowohl zum Kochen, Braten und Grillen, aber auch zum Anmachen von Salaten verwendet werden. Es enthält einen relativ hohen Prozentsatz an einfach ungesättigten Fettsäuren, so dass es so gut wie nicht ranzig wird. Erdnussöl eignet sich für die Herstellung von Heilölen, wie zum Beispiel von Johanniskrautöl, Ringelblumenöl oder Kamillenöl. In der Küche wäre es die ideale Grundlage für ein Würzöl zum Marinieren von Fleisch, Fisch oder Gemüse fürs anschließende Grillen oder Braten.

Rapsöl

Rapsöl kann ebenso wie das Erdnussöl hoch erhitzt werden. Es wird aus den Samenschoten der Rapspflanze gepresst.

Distel- oder Safloröl

Distelöl oder Safloröl wird aus der Färberdistel gewonnen. Es ist in der Küche vielseitig zu verwenden. Kräuteröl auf Distelölbasis kann auch in der Diätküche als ein wichtiger Vitamin-E-Spender eingesetzt werden. Außerdem besitzt es von allen Speiseölen den höchsten Gehalt an mehrfach ungesättigten Fettsäuren.

Sojaöl

Sojaöl ist ebenfalls ein wertvolles Speiseöl mit mildem Geschmack und mehrfach ungesättigten Fettsäuren. Es wird häufig für eine Diät bei erhöhten Cholesterinwerten im Blut empfohlen. Sojaöl eignet sich sehr gut zur Herstellung von Kräuter- und Würzölen.

Ölfarben (v.l.n.r): Hellgelbes Maiskeimöl, grüngelbes Olivenöl, blassgelbes Erdnussöl, hellgelbes Sonnenblumenöl

Sonnenblumenöl

Sonnenblumenöl ist blassgelb, klar und von mildem Geschmack. Es gehört zu den besten Allzweckölen und kann zum Braten, Kochen und Backen sowie für Salatsoßen und natürlich auch zum Herstellen von Würzölen verwendet werden.

Pflanzen-, Speise- und Tafelöl

Sicherlich haben Sie in so manchem Supermarkt schon einmal Ölflaschen mit der Bezeichnung: „Pflanzenöl, Speiseöl oder Tafelöl" entdeckt. Dabei handelt es sich in der Regel um Mischungen aus verschiedenen Pflanzenölen. Der Anteil von Kokos- oder Palmöl ist hier häufig recht groß, weshalb sich diese Ölmischungen zum Backen, Kochen und Frittieren eignen. Die erwähnten Öle haben einen hohen Gehalt an gesättigten Fettsäuren. Für die Herstellung von Kräuterölen, die ja nicht nur gut schmecken, sondern auch gesund im weitesten Sinne sein sollen, sind solche Öle eher ungeeignet.

Walnussöl

Ein besonderes Öl ist das Walnussöl. Leider ist es sehr teuer und wird schnell ranzig. Auch in ungeöffneten Flaschen ist es nur begrenzt haltbar. Ich würde es daher nicht als Basis für die Herstellung von Würz- oder Kräuterölen empfehlen. Walnussöl ist topasfarben und besitzt ein feines Nussaroma.

Kleiner Exkurs: Fettsäuren

Öle, die aus Nüssen und Samen gewonnen werden, tragen aufgrund ihrer Zusammensetzung zu einer ausgewogenen Ernährung bei. Ernährungsphysiologische Bedeutung haben die so genannten „Fettsäuren". Besonders wichtig für die menschliche Ernährung sind mehrfach ungesättigte (essenzielle) Fettsäuren. Ich möchte Sie jetzt jedoch nicht mit chemischen Formeln quälen. Man sollte lediglich wissen, dass ein Öl um so wertvoller ist, je höher der Gehalt an ungesättigten Fettsäuren ist. Ein Öl ist immer eine Mischung aus gesättigten, ungesättigten und mehrfach ungesättigten Fettsäuren sowie einigen anderen Fettbausteinen. Auf den Cholesterinspiegel wirkt sich die Kombination von einfach und mehrfach ungesättigten Fettsäuren günstig aus. So, aber jetzt ist Schluss mit Chemie!

Kräuter in Öl einlegen

Kräuter & Gewürze auswählen

Nachdem Sie die einzelnen Öle inzwischen näher kennen gelernt und sich vielleicht für das eine oder andere entschieden haben, können wir uns voll und ganz den Kräutern und Gewürzen widmen.

Ich habe bereits erwähnt, dass Öle ausgezeichnete Geschmacksträger sind. Es liegt an uns, unter den aromatischen Würzkräutern eine passende Auswahl zu treffen, damit sie ihren Geschmack auf das Öl übertragen können.

Frische Küchenkräuter können direkt in Öl eingelegt werden.

Ein Kräuteröl kann grundsätzlich aus allen kräftig-aromatischen Kräutern und Gewürzen hergestellt werden. Es ist jedoch sinnvoll, zunächst einmal nur ein Kraut oder Gewürz einzulegen. Wenn Sie dann den Geschmack und die Intensität eines solchen Öles kennen, ergeben sich im nächsten Schritt weitere Kombinationsmöglichkeiten oder Sie lassen es so wie es ist. Außerdem kann man natürlich verschiedene Kräuteröle miteinander mischen.

Frische Kräuter ungewaschen verwenden

Nun kommen wir zur wichtigsten Zutat überhaupt: dem Würzkraut. Es kann frisch oder getrocknet in Öl eingelegt werden, wobei bei der Rezeptur mit Frischkräutern einige wichtige Dinge zu berücksichtigen sind. Zunächst müssen wir darauf achten, dass das frische Kraut so trocken wie möglich ist, das heißt, es sollte möglichst nicht gewaschen werden. Durch meine jahrelange Vortragserfahrung weiß ich, dass dies eine Forderung ist, die viele gewissenhafte Hausfrauen „auf die Barrikaden" treibt. Wie kann man sich nur ungewaschene Kräuter antun! Ich verstehe Ihre Bedenken, aber Wasser und Öl vertragen sich nun einmal nicht und sind frisch geerntete Blüten und Blätter wirklich so furchtbar schmutzig?

Ich gebe zu, diese Fragestellung ist etwas schwierig, denn wir erkennen nur die sichtbaren Verunreinigung. Wenn Sie jedoch der Meinung sind, dass Sie Ihren Lieben ungewaschene Kräuter nicht anbieten können, dann sollten Sie die Kräuter anschließend auf jeden Fall gründlich schleudern und sorgfältigst trocken tupfen.

Die für ein Kräuteröl vorgesehenen Pflanzenteile, Zweige, Blätter oder Blüten gibt man in eine ausreichend große Flasche und übergießt alles so mit Öl, dass die Kräuter komplett bedeckt sind. Dann lässt man das Ganze mindestens drei Wochen im Hellen durchziehen. Anschließend sollten Sie Ihr Kräuteröl kühl und dunkel aufbewahren. Achten Sie bitte unbedingt darauf, dass wirklich alle Pflanzenteile ausreichend mit Öl bedeckt sind, denn alle Kräuter, die in der Flasche mit Luft in Berührung kommen, schimmeln in kürzester Zeit und Ihre Mühe wäre umsonst gewesen.

Solange Sie das Öl in der Flasche nicht anbrechen, können die eingelegten Kräuter darin verbleiben. Nach Anbruch sollten Sie das Öl allerdings gleich filtrieren, denn je weniger Öl sich in der Flasche befindet, desto mehr Kräuter können „Luftkontakt" bekommen und das gleiche Problem mit der Haltbarkeit tritt auf. Hier eine Auswahl geeigneter Frischkräuter für die Zubereitung eines aromatisierten Öles: Basilikum, Majoran, Kerbel, Dill, Schnittlauch, Knoblauch, Bärlauch, Rosmarin, Salbei, Es-

Nach drei Wochen Reifezeit im Hellen wird das Würzöl sorgfältig abfiltriert.

tragon, Minze und Liebstöckel. Wer es fruchtig möchte, kann auch noch Zitronenschale dazugeben.

Heilöle zubereiten

Auf die gleiche Art und Weise werden Heilöle wie Johanniskrautöl, Kamillen-, Lavendel-, Ringelblumen- oder Pfefferminzöl hergestellt. Lavendel- und Pfefferminzöl zur äußerlichen Anwendung können durch den Zusatz einiger Tropfen des entsprechenden ätherischen Öles noch verstärkt werden.

Trockenkräuter in Öl

Eine weitere Methode für die Herstellung von Würzölen ist die Verwendung von Trockenkräutern. Hier haben wir das Problem der Wasser-Öl-Unverträglichkeit nicht. Getrocknete Kräuter und Gewürze sind daher für jeden Kräuterhexenlehrling oder für Anfänger in Sachen Kräutern geradezu ideale Ausgangsprodukte, um damit ein erstes Würzöl herzustellen. Wacholderbeeren, Pfefferkörner, Senfsaat, Koriandersamen, Muskatnuss, Chili, Zimt, Kümmel, Gewürznelken und getrocknete Kräuter wie Oregano, Majoran, Bohnenkraut, Kerbel, Dill, Liebstöckel, Thymian, Rosmarin und andere ergeben, mit Öl angesetzt, einen hervorragenden Geschmack und eine kräftige Würze.

Trockene Kräuter saugen sich mit Öl voll und sinken dann auf den Flaschengrund. Aus diesem Grund besteht hier auch weniger die Gefahr des Verschimmelns, es sei denn, Sie legen ganze Zweige in Öl ein. Diese sollten Sie dann nach Anbruch der Flasche umgehend entfernen. Wenn Sie die eingelegten, fein geschnittenen Kräuter bei der Zubereitung Ihrer Speisen mitverwenden

Leckeres Kräuteröl mit buntem Pfeffer und Chilischoten

möchten, so müssen Sie Ihre Würzölflasche nur gründlich schütteln. Der Rest wird sich nach Abstellen der Flasche wieder am Boden ansammeln. Kräuterreste, die sich am Flaschenausguss befinden, sollten Sie jedoch immer gründlich beseitigen.

Obwohl die meisten Kräuter- und Würzöle kalt angesetzt werden können, empfiehlt es sich für manche Rezepturen, die Gewürze kurz in dem Öl zu erwärmen (nicht erhitzen!), um ein volles Aroma zu bekommen. Beispiele hierfür wären Chilischoten, Knoblauch, Zimt oder Salbei. Kräuteröle sind sowohl als Würzöl als auch für Marinaden oder zum Einlegen von Käse und Gemüse bestens geeignet.

Würziges Kräuterpesto

Eine besondere Art der Konservierung von Kräutern in Öl ist das Pesto oder die Kräuterpaste. Hier spielt das Öl eher eine Nebenrolle, denn es wird in weitaus geringerer Menge als das Kraut verwendet. Für ein Pesto werden frische Würzkräuter wie Basilikum, Petersilie, Liebstöckel, Bärlauch mit einigen Esslöffeln voll Öl püriert, so dass eine breiige Masse entsteht. Diese Paste wird durch die Zugabe von etwas Salz haltbar gemacht und in kleine Geleegläser oder ähnliches eingefüllt, aber nur soviel, dass eine ein bis zwei Zentimeter starke Ölschicht darüber noch möglich ist. Diese Ölschicht sorgt für den nötigen Luftabschluss, der bewirkt, dass die eingelegte Paste konserviert wird. Bei jeder Entnahme sollte wieder Öl nachgefüllt wer-

Kräuterpesto – konserviert durch Öl und Salz

den. Was den Salzgehalt betrifft, so rechnet man etwa 10 Gramm Kochsalz auf 100 Gramm Kräuter.

Pasten eignen sich in der Küche hervorragend für Soßen, Suppen, zur Verfeinerung von Gemüsegerichten und Salaten, zum Überbacken und zum Würzen von Frischkäse. Pasten sind kühl und dunkel gelagert rund ein Jahr haltbar, also bis zur nächsten Kräutersaison. Die meisten werden wohl gar nicht so alt werden, weil man ihrem Aroma nur sehr schwer widerstehen kann.

Alles
über
Kräuteressig

Grundwissen – Kräuteressig

Von Essigsäure & Essigmuttern

Wer Kräuteröl sagt, muss auch Kräuteressig sagen, denn irgendwie gehören diese beiden zusammen wie „Sand und Meer" oder „Zucker und Salz".

Essig ist ursprünglich sauer gewordener Wein oder um es neutraler auszudrücken: eine vergorene weingeisthaltige Flüssigkeit. Man spricht von einer Gärung oder Säuerung, die jede Flüssigkeit mit einem Alkoholgehalt von weniger als 18 Prozent mitmacht, wenn sie sich an der Luft befindet, das heißt, wenn sie direkten Luftkontakt hat. Eine dicke Haut, bestehend aus Hefezellen und Bakterien, sorgt dafür, dass der Alkohol in natürliche Essigsäure umgewandelt wird. Solch ein Gebilde, es erinnert irgendwie an eine Qualle, nennt man übrigens Essigmutter. Sehr schmeichelhaft! Sie sehen, selbst Essig hat eine Mutter und die kann wie im wirklichen Leben ganz schön sauer werden. Es gehört allerdings noch sehr viel Können, Erfahrung und eine bestimmte Temperatur dazu, um daraus einen angenehm schmeckenden Essig zu produzieren.

Reiner Weinessig besitzt einen Säuregehalt von mindestens sechs Prozent, bei anderen Essigsorten liegt der Säuregehalt zwischen vier und sechs Prozent. Andere Länder, andere Sitten, das gilt auch für die Essigproduktion. Länder wie Frankreich, Italien und Spanien stellen überwiegend Weinessig her, während Nordamerika und Deutschland auch mit Apfel- oder Obstessig dienen können. In Großbritannien mit seiner Bierbrauertradition bevorzugt man Malzessig und der ferne Osten kann mit Reisessig aufwarten.

Weinessig

Für meine Kräuteressig-Herstellung verwende ich ausschließlich Weinessig, da der relativ hohe Säuregehalt diesen als solchen stabilisiert – er kann durch die Zugabe von Kräutern nicht umkippen.

Weinessig wird nur aus Rot- und Weißwein hergestellt und harmonisiert geschmacklich mit einer Vielzahl von Kräutern. Der Geschmack ist so intensiv, dass man ihn bei Verwendung in der Küche durchaus 1 : 1 mit Wasser verdünnen kann. Es bleibt Ihnen überlassen, ob Sie lieber einen etwas leichteren Weißweinessig verwenden wollen oder einen vollaromatischen, samtigen Rotweinessig.

Balsamessig aus Modena

Ein besonderer Weinessig ist der so genannte „Balsamessig" (Aceto Balsamico) aus dem norditalienischen Modena. Die Bezeichnung Balsamessig hebt auf den schweren, süßlichen Geschmack dieser Essigspezialität ab. Die Herstellung ist sehr aufwendig und zeitintensiv, Balsamico gehört zu den eher kostbaren Küchenzutaten. Guter Balsamessig sollte mindestens zwölf Jahre im Fass reifen.

Bunte Kräuteressig-Parade

Es kann aber auch länger dauern. Aceto Balsamico aus dem Supermarkt ist in der Regel jünger und wird industriell hergestellt, er kann als preiswerter Ersatz dienen. Balsamessig eignet sich, wenn überhaupt, nur für Kräuter mit kräftigem Geschmack wie Ysop, Rosmarin oder Thymian; aber eigentlich ist er zu schade dafür.

Essigessenz

Das Gegenteil an Geschmack und Reife ist Essigessenz. Hierbei handelt es sich um eine rein synthetisch hergestellte gereinigte Essigsäure, die nur sehr stark verdünnt für Speisen verwendet werden darf. Ich selbst nehme sie grundsätzlich nur zum Putzen und Entkalken.

Kräuteressig selbst gemacht

Vielseitig & aromatisch

Kräuter sind Naturschätze und sollten auch nur mit solchen „veredelt" werden. Das Einlegen von Gemüse, Fleisch, Fisch, Obst und Kräutern in Essig besitzt eine alte Tradition, denn Essig war in früheren Zeiten – und ist es bis auf den heutigen Tag – ein wichtiges und natürliches Konservierungsmittel.

Genau wie bei den Würzölen haben wir bei einem Kräuteressig ebenfalls die Möglichkeit, nur ein einzelnes Gewürz oder Würzkraut oder aber eine Mischung von verschiedenen Kräutern und Gewürzen einzulegen. Zur Abrundung des Geschmacks könnten einige Tropfen eines ätherischen Öles dienen. Aromatisierter Essig kann für ganz spezielle Gerichte hergestellt werden. Der klassische Estragon-Weinessig, vielleicht mit etwas Knoblauch abgerundet, eignet sich vor allem für leichte Blattsalate, während ein vollmundiger Rotweinessig mit seinem kräftigen Aroma sowohl zu Eintöpfen, herzhaften Salaten und Fleischgerichten als auch zu Wild- und Sauerbraten passt.

Würzessig aus frischen Kräutern

Würzessige stelle ich grundsätzlich aus frischen Kräutern her, weil ihr Aroma in diesem Fall der Trockenware vorzuziehen ist. In Essig können Sie so gut wie alle Pflanzen einlegen, denn wie bereits erwähnt, handelt es sich hierbei um ein natürliches Konservierungsmittel. Man wird in diesem Fall aber den besonders aromatischen Vertretern aus dem Pflanzenreich den Vorrang lassen.

Die Herstellung ist denkbar einfach: Frische Kräuter, ganz oder zerkleinert, werden in eine Flasche gegeben und mit Essig aufgefüllt. Diesen Ansatz lässt man etwa 14 Tage lang im Hellen ziehen, danach ist der Essig bereits gebrauchsfertig. Man spricht hier von einem Kaltansatz. Wenn es schneller gehen muss, wird man sich für einen Aufguss entscheiden, das heißt, die entsprechenden Kräuter werden mit erhitztem Essig übergossen, so dass sich die Aromen schneller freisetzen. Dieses Verfahren wird in erster Linie für Marinaden angewandt.

Zutaten für einen Würzessig: Glasflasche mit Kork, Rotweinessig, frische Küchenkräuter

Selbst gemachter Kräuteressig oder ein Würzöl sind individuelle Geschenke mit Stil.

Bei den Zutaten brauchen wir uns nicht ausschließlich auf Kräuter beschränken. Ich habe schon oft mit einer Kombination aus Kräutern, Früchten, Honig und klassischen Gewürzen experimentiert. Die Ergebnisse waren immer wieder überraschend und das im positiven Sinn. **Mein Tipp:** Für einen Aromaessig können Sie ohne weiteres Tiefkühlware verwenden. Ich sage das auch deshalb, da doch immer wieder Früchte vom Vorjahr zum neuen Saisonbeginn übrig bleiben. Diese kann man dann auf solche Art und Weise zu sinnvollen Geschenken „umgestalten".

Haltbarkeit & Verwendung

Im Gegensatz zu Würzöl ist ein Würzessig für lange Zeit haltbar und die eingelegten Kräuter oder Früchte können nach Anbruch noch in der Flasche bleiben, das heißt, ich muss sie nicht unbedingt abfiltrieren, denn sie sind ja konserviert.

Wenn Sie zur Herstellung von Würzessig nicht nur das Kraut der Pflanzen,

sondern zusätzlich Blüten verwenden, ist das nicht nur geschmacklich ein besonderes Erlebnis, sondern auch optisch ein Genuss. Ich kenne Kräuterfreunde, denen schon dieser Anblick so gut gefällt, dass sie den Essig gar nicht anbrechen möchten. Was nun die Verwendung betrifft, so sind Ihrer Phantasie keinerlei Grenzen gesetzt. Nicht nur der Salat und die Soße, auch so manches Dessert oder Getränk bekommt mit einem Schuss Essig eine ganz besondere Note.

Kräuteressig richtig lagern

Obwohl Essig grundsätzlich ein sehr gutes Konservierungsmittel darstellt, möchte ich Ihnen an dieser Stelle doch noch einen Tipp bezüglich der Aufbewahrung mit auf den Weg geben. Der ideale Aufbewahrungsort ist ein dunkler Schrank in einem kühlen Raum oder Keller. Auf diese Weise bleibt das Aroma länger erhalten. Bei einer zu warmen Lagerung kann es passieren, dass der Essig zu gären beginnt und dann mit dem Korken nach Ihnen schießt. In diesem Fall müssen Sie nicht nur den Korken, sondern auch den Essig entsorgen, denn dieser ist dann für den Verzehr leider nicht mehr geeignet. Des weiteren kann es immer wieder einmal passieren, dass Sie bei der Herstellung nicht ganz präzise gearbeitet haben und der Essig anfängt zu „kippen". Es gilt grundsätzlich, dass Kräuteressige, die nicht mehr ganz einwandfrei aussehen oder die einen merkwürdigen Geruch haben, weggeschüttet werden müssen.

Zutaten
und
Hilfsmittel

Gute Zutaten für hohe Qualität

Die Grundstoffe

Wenn Sie nun vielleicht Appetit bekommen haben und sich jetzt selbst einmal an die Herstellung von diversen Kräuterspezialitäten heranwagen möchten, sollten wir uns vorher noch mit den notwendigen Grundstoffen und Gerätschaften näher befassen.

Zunächst zu den Grundstoffen: Dazu gehören jede Menge Kräuter, Öle, Salze und Essig. Ein Leitspruch hat mich auf meinem bisherigen Kräuterhexenweg immer begleitet. Dieser lautet: „Das Ergebnis kann nur so gut wie die verwendeten Zutaten sein."

Frische Kräuter aus dem eigenen Garten – optimale Zutaten für die Hexenkräuterküche

Anbau im Kräutergarten

Wir sollten also bereits bei den Rohstoffen auf höchste Qualität achten. Was nun die zur Verarbeitung vorgesehenen Kräuter und Gewürze betrifft, so haben wir mehrere Möglichkeiten, an diese zu kommen. Selbst angebaute Kräuter haben den Vorteil, dass sie immer frisch und „just in time" zur Verfügung stehen und dass lange Transportwege entfallen, wie sie bei Kräutern vom Markt oder aus dem Lebensmittelhandel vorkommen können. Je länger solche Wege sind, desto mehr leiden Aroma und Wirkstoffe darunter.

Nun klingt das Wort „Selbstanbau" für manche Menschen sehr anstrengend und sie verbinden damit die Vorstellung von größeren Ländereien, die wohl dafür notwendig wären. Ich kann Sie da aber beruhigen. Der kleinste Kräutergarten hat in einem Pflanzenkübel auf Ihrem Balkon oder Ihrer Terrasse Platz. Lediglich bei der Sortenvielfalt müssen Sie in diesem Fall ein paar Abstriche machen. Viele der stark aromatischen Kräuter, die ehemals aus der Mittelmeerregion zu uns kamen, vertragen enge und manchmal „stocktrockene" Verhältnisse.

Etwas bessere Bedingungen, was die Sortenvielfalt betrifft, liegen Gartenbesitzern vor. Kräuteranbau im Beet bringt mehr Möglichkeiten und mehr Masse mit sich. Die Kräuterbeete können exakt nach den Bedürfnissen unserer Kräuterschätze angelegt werden. Thymian, Rosmarin & Co. bekommen ihren eigenen sonnigen Bereich und unsere klassischen deutschen Küchenkräuter wie

Grün-bunte Augenweide: ein Kräuterbeet in vollem Wuchs

Petersilie, Schnittlauch, Borretsch, Dill und Kerbel bekommen ebenfalls ihr Plätzchen.

Teekräuter aus dem Garten oder vom Markt

Der Teekräuteranbau sollte in speziellen Beeten erfolgen, da wir hier größere Mengen benötigen. Viele Würz- und Heilkräuter wachsen allerdings wild und können auch am natürlichen Standort gesammelt werden. Vorausgesetzt man erkennt sie und sie stehen nicht unter Naturschutz! Wir sollten uns in diesem Fall außerdem darüber im Klaren sein, welche Umwelteinflüsse bei der Wildkräuterernte zu berücksichtigen sind. Dazu gehören Spritzen, Düngen, Autoabgase und Hundeverkehr. Viele Wildkräuter finden sich mit der Zeit von selbst im Garten ein, wo wir sie dann unter optimalen Bedingungen ernten können. Frische Kräuter bekommt man immer häufiger auf Wochenmärkten, wodurch Kräuterfreunde in der Stadt auch die Möglichkeit haben, an die nötigen Rohstoffe zu kommen. Sie sollten sich hier, wenn möglich, genau über Qualität und Herkunft erkundigen.

Teebeutel enthalten nicht immer die beste Qualität, offene Ware ist auf jeden Fall besser.

Gute Trockenkräuter – Qualitätsmerkmale

Trockenkräuter sind sowohl in Apotheken und Drogerien als auch in speziellen Kräuterläden oder im Lebensmittelhandel erhältlich. Sie können sich bestimmt gut vorstellen, dass es da gravierende Qualitätsunterschiede gibt. Die wichtigsten Qualitätsmerkmale sind Aussehen und Geschmack. Hier sollten Sie keine Zugeständnisse machen, selbst wenn eine gute Qualität natürlich ihren Preis hat. Minderwertige Qualitäten sind das Geld nicht wert, denn bei der Verarbeitung müssen wir mit einer weiteren Minderung in puncto Geschmack und Aroma rechnen.

Den Unterschied zwischen einem qualitativ hochwertigen und einem eher minderwertigen Trockenkraut erkennt der Laie bereits am Duft. Je intensiver dieser wahrgenommen werden kann, umso höher ist der Anteil an ätherischen Ölen und natürlichen Aromastoffen.

Ich erwähne die Aromastoffe deshalb, weil hier ab und zu trickreich „nachgeholfen" wird. Bei einem schonenden Trocknungsverfahren bleibt außerdem die Farbe des Krautes oder der Blüten weitgehend erhalten, dies ist ein weiteres Merkmal für eine gute Qualität. Was den Zerkleinerungsgrad betrifft, so sollten Sie darauf achten, dass die Kräuter eher grob zerkleinert sind, denn je feiner geschnitten oder gar gemahlen wird, desto mehr Inhaltsstoffe können verloren gehen. Es ist durchaus sinnvoll, die Kräuter erst unmittelbar vor dem Gebrauch noch einmal in einem Mörser oder in einer Kräutermühle zu zerkleinern. Dazu kann übrigens durchaus eine alte Kaffeemühle umfunktioniert werden.

Die Alternative: frische Thymianzweige oder Thymian, getrocknet und gerebelt

Lediglich bei Teekräutern rate ich dazu, diese bereits in einem ausreichenden Zerkleinerungsgrad einzukaufen, weil es oftmals sehr mühselig ist, sie für den täglichen Bedarf klein zu schneiden. Ich denke dabei besonders an Wurzeln, Rindenstücke, Samen und Früchte. An so

manchen Stielen oder Blättern kann man sich buchstäblich „die Zähne ausbeißen". Teekräuter sollten normalerweise so weit zerkleinert sein, dass schon ein Überbrühen mit kochendem Wasser ausreicht, um die heilsamen und wohlschmeckenden Inhaltsstoffe innerhalb von wenigen Minuten herauszulösen.

Teebeutel-Tricks

An dieser Stelle möchte ich mich auch noch kurz mit dem Thema Teebeutel befassen. Im Idealfall entspricht die Teequalität der Beutelware der des offenen Tees. Aber wie gesagt nur im Idealfall! Häufig wird dazu eher minderwertige Qualität verarbeitet. Um in Geschmack und Wirkung auf Nummer sicher zu gehen, lohnt es sich, der offenen Ware den Vorzug zu geben. Wer aus Zeitgründen auf Beutel nicht verzichten kann, der hat die Möglichkeit, sich diese selbst zu richten. Es gibt ungebleichte Teebeutel von einer ganzen Reihe von Herstellern, die individuell für ein bis vier Tassen befüllt werden können. In meinen Kräuterhexenläden wird für besonders Eilige jeder offene Tee auf Wunsch in ebensolche Teebeutel verpackt. Die Teereste können anschließend übrigens zusammen mit dem Filter kompostiert werden.

Würzkräuter & Kräutersträußchen

Bei der Verwendung von getrockneten oder frischen Würzkräutern kommt es auf Ihren individuellen Geschmack an, ob Sie diese als solche in den Speisen wahrnehmen möchten oder ob Ihnen lediglich das Aroma insgesamt wichtig ist. Hier entscheidet der Zerkleinerungsgrad über das entsprechende Aroma. Für eingeschworene Kräuterfans ist es sicher ein sinnliches Erlebnis, auf den einzelnen Bestandteilen herumzukauen und den Geschmack so intensiv wie möglich wahrzunehmen. Aber das ist nicht jedermanns Sache.

Viele Menschen schätzen zwar den Geschmack, möchten aber nicht unbedingt auf Lorbeer-, Thymian-, Rosmarin- oder Salbeiblätter beißen. In diesem Fall wäre es sinnvoll, sich ganze Zweige oder Blätter der entsprechenden Gewürzpflanze zu beschaffen. Daraus bindet man ein oder zwei Kräutersträußchen und diese gibt man während des Garens in den Topf. Kurz vor dem Servieren werden sie wieder entfernt, somit macht sich lediglich noch das Aroma angenehm bemerkbar. Würzsträußchen gibt es auf gut sortierten Wochenmärkten, in Feinkostgeschäften, bei ausländischen Obst- und Gemüsehändlern oder man pflückt sie im eigenen Garten.

Meersalz & Co.

Etwas einfacher haben wir es mit der Beschaffung von Salz, Öl und Essig.

Alle drei Grundzutaten bekommen wir im Lebensmittelhandel. Auch hier sollten Sie auf die höchste Qualität achten. Wie bereits im Kapitel Gewürzmischung und Kräutersalz erwähnt, gebe ich dem Meersalz den Vorzug.

Meersalz gibt es von verschiedenen Herstellern. Es ist generell teurer als Salinensalz. Salinensalz oder schlicht und ergreifend Kochsalz gibt es mit und ohne Jodzusatz. Bei Salz gibt es laut kritischen Köchen eine qualitativ minderwertige Art, nämlich das Tafelsalz. Hierbei handelt es sich um fein gemahlenes Salinensalz, dem Calciumkarbonat oder andere Trennmittel zugesetzt wurden, um ein Verklumpen zu verhindern. Solch ein „gestrecktes" Salz wallt auf, wenn man es in kochendes Wasser gibt. Alle Salzvorräte dieser Erde stammen in Wirklichkeit aus dem Meer und auch unterirdische Salzlager sind nichts anderes als vorzeitliche Meersalzablagerungen, allerdings kristallisiert das Salinensalz aufgrund des Gewinnungsverfahrens fast als reines Natriumchlorid aus. Was wir als Meersalz bezeichnen, wurde dagegen direkt aus Meerwasser gewonnen. Interessant ist die Tatsache, dass es tatsächlich nur 34 Prozent reines Natriumchlorid (NaCl) enthält.

Es ist besonders reich an Spurenelementen und Mineralsalzen. Europäisches Meersalz kommt aus England oder Frankreich, wobei die Salzblume („Fleur de sel") von den salzigen Marschen der Guarande wohl das kostbarste und hochwertigste Meersalz ist.

Neben den Zerkleinerungsgraden „fein" und „grob" haben Sie noch die Auswahl zwischen raffiniertem Tafelsalz, kristallisiertem Steinsalz, grobem Steinsalz, feinem Meersalz, englischem und französischem Meersalz. Raffiniertes Tafelsalz enthält rieselfähige Zusätze, kristallisiertes Steinsalz wird direkt aus Salzlagern abgebaut ebenso wie grobes Steinsalz, das überwiegend zum Konservieren von Nahrungsmitteln geeignet ist. Feines Meersalz löst sich besonders schnell auf. Englisches Meersalz besitzt eine sehr intensive Würzkraft und sollte daher nur sparsam verwendet werden. Französisches Meersalz ist durch Mineralien oft leicht grau gefärbt und, wie schon erwähnt, für mich das wertvollste aller Salze. Salz sollte übrigens nie in Gefäßen aus Silber verarbeitet oder auf-

**Grob gekörntes Meersalz
für die Salzmühle**

bewahrt werden, denn das im Salz enthaltene Chlor reagiert mit Silber und verursacht eine Grünfärbung. Ich wollte das nur erwähnen für den Fall, dass es in Ihrem Haushalt von echtem Silber nur so blitzt.

Mein Tipp: Wenn Sie Gemüse kochen, dann sollten Sie das Wasser stets salzen, denn Salz verstärkt den Eigengeschmack so, dass Sie fast nicht mehr nachsalzen müssen und stattdessen Ihr Gemüse mit Kräutern geschmacklich veredeln können. Eine gute Prise Salz im Garwasser verhindert außerdem, dass wertvolle Mineralsalze aus dem Gemüse herausgeschwemmt werden.

Geschmacksneutrale Öle verwenden

In so gut wie jedem Supermarkt, Feinkostgeschäft, aber auch in Naturkostläden und Reformhäusern werden Sie mit Sicherheit mehr als eine Sorte Öl vorfinden. Hier ist Ihr eigener Geschmack und die Rezeptur entscheidend. Geben Sie jedoch kalt gepressten Pflanzenölen den Vorrang. Für Kräuterrezepturen eignen sich geschmacksneutrale Öle am besten: Maiskeimöl, Rapsöl, Distelöl, Sojaöl, Erdnussöl oder Sonnenblumenöl.

Die Öle werden in Flaschen und Kanistern angeboten. Sie sollten kühl und dunkel gelagert werden. In manchen Gegenden gibt es noch Ölmühlen, die direkt an den Endverbraucher verkaufen. Solche Ölmühlen sind natürlich jedem Lebensmittelmarkt vorzuziehen. Sie kennen das bestimmt aus dem Urlaub rund um das Mittelmeer. Dort wer-

In dieser Gegend können Sie Olivenöl bestimmt direkt vom Erzeuger kaufen.

den bei den Olivenölproduzenten oft auch Ölverkostungen veranstaltet. Diese kann man mit unseren Weinproben vergleichen.

Essig

Den Essig werden Sie in erster Linie aus dem Lebensmittelhandel besorgen. Dass ich für meine Rezepturen reinen Weinessig empfehle, habe ich bereits erwähnt. Auch Essig wird in Flaschen oder Kanistern angeboten. Sie sollten darauf achten, dass Ihr Ansatzessig nicht schon aromatisiert wurde und dass er einen Säuregehalt von mindestens fünf, besser jedoch sechs Prozent vorweisen kann.

Nützliche Gerätschaften

Richtig ernten

Nachdem ich Ihnen nun alle Zutaten für schmackhafte Kräuterrezepturen sowie deren Beschaffenheit und Beschaffung beschrieben habe, kommen wir zum küchenpraktischen Teil. Zunächst möchte ich Ihnen einige nützliche Geräte für die Verarbeitung vorstellen:

Die Kräuterernte erfolgt immer noch wie schon zu Großmutters Zeiten mit Messer, Schere und Korb; Plastiktüten sind ungeeignet. Kräuter für den Frischverbrauch werden nach dem Ernten noch einmal angeschnitten und in Gläsern mit Wasser frisch gehalten. Eine weitere Möglichkeit wäre noch das Lagern im Kühlschrank. Hierzu werden die frischen Kräuter gründlich gewaschen, abgeschüttelt und in Plastiktüten oder -dosen in den Kühlschrank gelegt. Sie sind dort dann bis zu zwei Tage lang haltbar. Sie können aber auch kleinere Portionen gebrauchsfertig einfrieren.

Teedosen sind ideale Aufbewahrungsgefäße für Trockenkräuter.

Dunkel aufbewahren

Für die Aufbewahrung von Tees benötigen wir dicht schließende Blechdosen oder Einmachgläser. Einmachgläser sollten einen gut schließenden Schraubverschluss oder einen Gummiring mit Schnappverschluss besitzen. Nur so konservieren wir die ätherischen Öle und Aromastoffe, die Kräuter bleiben trocken und ungezieferfrei, was bei einer Aufbewahrung in Tüten nicht möglich ist. Helle Glasbehältnisse (das können auch ehemalige Saftflaschen mit weitem Hals sein) müssen mit Folie abgedunkelt oder in einem Schrank gelagert werden. Die Hauptsache ist, dass die Kräuter so wenig Helligkeit wie möglich abbekommen. Dasselbe gilt natürlich für Würzkräuter und Gewürze.

Mischen wie ein Profi

Zum Mischen von Tee- oder Gewürzkräutern brauchen wir Schüsseln aller Art und Teeschaufeln. Die Schüsseln sollten eine geschlossene Oberfläche besitzen, weil sich sonst Aroma und ätherische Öle festsetzen und die ganze Schüssel danach riecht. Aus diesem Grund verwende ich keine Plastikschüsseln. Einen Mörser mit rauer Innenfläche brauchen wir, um Kräuter und Salz zu verreiben bzw. eine Kräutermischung ohne Salz kurz vor dem Gebrauch zu intensivieren. Zum Zerkleinern von getrockneten oder frischen Kräutern eignet sich ein Haushaltscutter, ein Fleischwolf oder ein Mixgerät. Für Gewürz- und Kräutersalzmischungen besorgt man

In der Hexenküche wird mit ganz „normalen" Gerätschaften gezaubert.

Manche Flaschen werden auch mit einem Korken verschlossen. Das ist zwar dekorativ, aber nicht ganz unproblematisch. Nur wenn der Kork aus einem Stück ist und keine größeren Lücken aufweist, ist er als dichter Flaschenverschluss zu verwenden. Sicherheitshalber kann man die gefüllte und mit einem solchen Kork versehene Flasche noch einmal kurz in geschmolzenes Wachs tauchen, damit sie auch wirklich luftdicht verschlossen ist. Ich rate grundsätzlich von Presskorkverschlüssen ab. Das sind Korken, die aus vielen zusammengepressten Minikorkstückchen bestehen. Sie können eine Flasche nicht auslaufsicher verschließen.

sich im Handel kleine Schraubgläser oder man sammelt sie selbst. Achten Sie auf eine präzise Beschriftung, möglichst mit Einfülldatum. Sie haben es dann bei der Anwendung wesentlich leichter und können überalterte Gewürze (nach etwa ein bis zwei Jahren) rechtzeitig austauschen.

Flaschen & Korkverschlüsse

Für Öle und Essige brauchen wir jede Menge Flaschen. Auch hier spart man Geld, wenn man Getränkeflaschen recycelt. Diese gibt es in verschiedenen Ausführungen, Größen und Farben. Flaschen mit einem Inhalt von einem viertel Liter oder einem halben Liter haben sich als besonders geeignet herausgestellt. Wichtig sind intakte, gut schließende Schnapp- oder Schraubverschlüsse.

Abfiltrieren leicht gemacht

Um die Kräuter in die Flaschen zu füllen, benötigen wir einen langen Holzstab oder Kochlöffel und für getrocknete und zerkleinerte Kräuter einen Weithalstrichter. Ganze Gewürze und Kräuter werden einfach in die Flasche gesteckt. Zum Abfiltrieren der Kräuter nehmen wir ein Mulltuch oder einen Kaffeefilter. Messbecher mit großen und kleinen Einteilungen erleichtern das Befüllen von Flaschen und Gefäßen. Esslöffel, Kochlöffel, Messer, Holzbrettchen und ein Wiegemesser finden sich in den meisten Haushalten. Speziell für Ihre Kräuteressigschätze sollten Sie auf säurebeständige Arbeitsgeräte und Gefäße achten. Ölflaschen dürfen nicht randvoll gefüllt werden, da sich das Öl in der Wärme ausdehnt und dann unter Umständen ausläuft.

Leckere Kräuterhexen-Rezepte

Die Teezubereitung

Ein paar Tipps vorab

Bei allen nun folgenden Teerezepturen gehe ich von getrockneten Kräutern aus. Diese bekommen Sie schon entsprechend zerkleinert in Apotheken, Drogerien, Kräuterläden oder Reformhäusern. Die Rezepte beziehen sich in der Regel auf eine Gesamtmenge von 100 g Tee.

Eine Kräutertee-Pause am Morgen vertreibt Kummer und Sorgen!

Alle Bestandteile der einzelnen Kräutertee-Mischungen werden nacheinander abgewogen und in einer Schüssel aus Edelstahl, Glas oder Keramik gründlich, aber behutsam, mit zwei Teeschaufeln gemischt. Die fertige Mischung sollte eine gleichmäßige Struktur aufweisen, denn nur dann können wir davon ausgehen, dass sich später bei der Zubereitung wirklich alle Kräuter und deren Geschmack in der Tasse oder im Teesieb befinden.

Teemischungen sollten grundsätzlich in größeren Mengen hergestellt werden, damit der Aufwand sich lohnt. Bei sachgerechter Lagerung in gut schließenden Dosen oder in Einmachgläsern ist Ihr „Haustee" dann bis zu zwei Jahre lang haltbar. Wenn Sie keine Teeschaufeln für das Mischen besitzen, können Sie genauso gut die Löffel von zwei Salatbestecken zweckentfremden oder zwei Kartenblätter aus Ihrem Spielkartensortiment verwenden.

Für die Zubereitung all meiner Kräutertee-Mischungen gilt die einfache Grundregel: Ein Esslöffel der Teemischung reicht für eine Tasse. Das Ganze wird mit kochendem Wasser überbrüht. Danach sollten Sie den Tee fünf Minuten zugedeckt ziehen lassen und abseihen. Ob Sie mit Zucker oder Honig süßen oder gar nicht, bleibt Ihnen überlassen, alle Teemischungen mit Süßholzanteil können Sie aber zunächst einmal ohne Zucker probieren. Weil Süßholz zu einer Erhöhung des Blutdrucks führen kann, sollten Hypertoniker (Menschen mit hohem Blutdruck) mit dieser Teedroge besonders vorsichtig umgehen.

Vergnügungstees

Guten-Morgen-Tee

Die Zutaten:

- 20 g Verbene (wohlriechendes Eisenkraut)
- 20 g Lemon- oder Zitronengras
- 10 g Brombeerblätter
- 10 g Himbeerblätter
- 10 g Erdbeerblätter
- 10 g Melissenblätter
- 10 g Süßholzwurzel
- 5 g Kornblumenblüten
- 5 g Sonnenblumenblüten

Durch die Zutaten Eisenkraut, Lemongras und Zitronenmelisse verströmt der Guten-Morgen-Tee ein angenehm erfrischendes Zitronenaroma. Die Himbeer-, Erdbeer- und Brombeerblätter ergeben einen leicht erdigen, fruchtig-frischen Geschmack und die Gelb- und Blautöne der Sonnenblumen- und Kornblumenblüten verpassen der Teemischung auch optisch ein erfrischendes Äußeres.

Tee nach Art der Gärtnerin

Die Zutaten:

- 10 g Hagebuttenschalen
- 10 g Erdbeerblätter
- 10 g Zitronenmelisse
- 10 g Pfefferminze
- 10 g Ringelblumenblüten
- 10 g Rosenblüten
- 10 g Holunderblüten
- 10 g Sonnenblumenblüten
- 10 g Malvenblüten
- 10 g Fenchelfrüchte

Fencheltee kennt jedes Kind, Fenchelfrüchte sehen so aus.

Die Zutaten für diesen Sommertee können Sie beim Gang durch Ihren Garten so ganz nebenbei abzupfen, wobei sich die Zusammensetzung je nach Jahreszeit leicht verändern kann.

Die Rosenblüten werden geerntet, sobald sich die ersten Blütenblätter öffnen. Für Teemischungen eignen sich nur die Blätter von Duft- und Wildrose. Die Blütendolden des Holunderstrauches werden im Mai geschnitten und an einem warmen, schattigen Ort getrocknet. Die Malvenblüten stammen entweder von der schwarz blühenden Bauernmalve oder von wilden Malven. Die Fenchelfrüchte sollten Sie vorher in einem Mörser leicht anstoßen, damit sich die ätherischen Öle im Teeaufguss leichter verteilen können.

Kräutertee für Kinder

Die Zutaten:
- 30 g Verbene (Eisenkraut)
- 20 g Hagebuttenschalen
- 20 g Hibiskusblüten
- 10 g Blüten der Römischen Kamille
- 10 g Süßholzwurzel
- 10 g Fenchelfrüchte

Für Kinder habe ich eine pfiffige und wohlschmeckende Kräutertee-Variante gemischt. Denn es muss nicht immer nur Fenchel und Kamille sein. Mein Kindertee schmeckt zitronig durch Eisenkraut, ist rot gefärbt durch Hibiskusblüten und wirkt wohltuend durch Fenchel und Römische Kamille, wobei letztere noch eine leichte Apfelnote mitbringt. Süßholz rundet den Geschmack ab.

Wohltuender Alpenkräutertee

Die Zutaten:
- 20 g Silbermantelkraut
- 20 g Fenchelfrüchte
- 20 g Hagebuttenschalen
- 20 g Schafgarbe
- 10 g Anis
- 10 g Kümmel

Der Alpenkräutertee heißt so, weil der Silbermantel, ein Verwandter des Frauenmantels, nur in den Alpenregionen anzutreffen ist. Die drei Magenkräuter Anis, Fenchel und Kümmel sorgen für eine gute Verdauung. Ebenso die Schafgarbe mit ihren leichten Bitterstoffen. Die Hagebuttenschalen geben der ganzen Mischung einen fruchtigen Touch.

Roter Kindertee mit Hibiskus und einem Hauch Apfelminze

Früchte-Blüten-Tee

Die Zutaten:
- 20 g Rosenblüten
- 20 g Hibiskusblüten
- 20 g Hagebuttenschalen
- 20 g Zitronenschalen
- 15 g Ringelblumenblüten
- 5 g Kornblumenblüten

Dieser Tee schmeckt angenehm erfrischend und er säuert nicht. Viele Menschen haben ein Problem mit Früchtetees, weil sie durch den hohen Säuregehalt von Hagebutten und Zitrusfrüchten zu Sodbrennen neigen. Dies ist besonders dann der Fall, wenn der Gesamtorganismus sowieso schon übersäuert ist. Durch die Kombination von Früchten und Blüten in dieser Teemischung habe ich versucht, diese Problematik zu entschärfen. Übrigens: Mein Früchte-Blüten-Tee schmeckt an heißen Sommertagen auch gut gekühlt.

Blütentee

Die Zutaten:

- ▸ 20 g Hibiskusblüten
- ▸ 20 g Rosenblüten
- ▸ 10 g Blüten der Römischen Kamille
- ▸ 10 g Ringelblumenblüten
- ▸ 10 g Lavendelblüten
- ▸ 10 g Schafgarbenblüten
- ▸ 10 g Fenchelfrüchte
- ▸ 10 g Anis

Dieser mit Ausnahme von Anis- und Fenchelfrüchten nur aus Blüten bestehende Tee ist etwas ganz Feines für jede Gelegenheit. Wie Sie sehen, habe ich auch ein paar Lavendelblüten dazugemischt. Sie brauchen deshalb aber keine Bedenken zu haben, der Lavendel dient lediglich zur geschmacklichen Abrundung und er unterstützt die verdauungsförderliche Wirkung dieser Teemischung.

Zutaten des Blütentees auf einen Blick – Schafgarbenblüten, Fenchel, Lavendel, Ringelblume, Rosenblüten, Hibiskusblüten, Kamille und Anis (v. l. n. r.)

Millenniumtee

Die Zutaten:

- ▸ 30 g blaue Malvenblüten
- ▸ 20 g Lemon- oder Zitronengras
- ▸ 20 g Verbene (Eisenkraut)
- ▸ 10 g Hibiskusblüten
- ▸ 10 g Jasminblüten
- ▸ 10 g Grüner Tee

Zur Jahrtausendwende wünschte sich ein Teil meiner Kundschaft einen ganz besonderen Tee. Spritzig, frech, anregend – einfach „hexisch" sollte er sein. Ich habe mir dann diese Mischung ausgedacht: Die Malvenblüten färben den Aufguss genau in dem Moment, wenn Sie ihn mit kochendem Wasser überbrühen, blau. Diese Färbung hält aber nur einige Sekunden lang, um anschließend einem giftigen Grün Platz zu machen. Ist das nicht hexisch? Ich bin felsenfest davon überzeugt, dass dieser Tee auch nach der Jahrtausendwende noch bezaubernd schmeckt.

Heiltees

Abendtee

Die Zutaten:

- 20 g Johanniskraut
- 20 g Baldrianwurzel
- 20 g Melisse
- 10 g Fenchelfrüchte
- 10 g Kamillenblüten
- 10 g Pfefferminze
- 10 g Waldmeister

Diese wohlschmeckende Mischung, bei welcher der Baldrian nicht vorschmeckt, wirkt wohltuend, entspannend und beruhigend. In besonderen Stress-Situationen können statt ein bis zwei Tassen am Abend durchaus drei bis vier Tassen über den Tag verteilt getrunken werden. Der Waldmeister gehört auch zu den beruhigenden Kräutern, allerdings nur in Maßen genossen und nicht unbedingt als alkoholischer Auszug in Form einer Waldmeisterbowle.

Gesundheitstee

Die Zutaten:

- 20 g Thymianblätter
- 10 g Kamillenblüten
- 10 g Schlüsselblumenblüten
- 10 g Rosenblüten
- 10 g Pfefferminzblätter
- 10 g Fenchelfrüchte
- 10 g Anis
- 10 g Hagebuttenschalen
- 10 g Eibischwurzel

Diesen Tee hätte ich ohne weiteres auch „Schlechtwettertee" nennen können, ich habe ihn nämlich unter dem Aspekt der Gesundheitsvorsorge zusammengestellt. Thymian, Eibischwurzel und Schlüsselblumen sind klassische Hustenkräuter. Hagebutten und Rosenblätter regen den Stoffwechsel an und liefern Vitamin C. Kamille, Pfefferminze, Fenchel und Anis sorgen für den angenehmen Geschmack dieses Gesundheitstees. Sie sehen, das ist alles in allem eine sehr gesunde und gegen Erkältungskrankheiten vorbeugende Mischung.

Bei schlechtem Wetter sehr zu empfehlen: Gesundheitstee

Entschlackungstee

Die Zutaten:

- 20 g Zinnkraut
- 20 g Thymianblätter
- 20 g Orangenblüten
- 20 g Schafgarbenblüten
- 10 g Brennnesselblätter
- 10 g Salbeiblätter
- 10 g Spierkraut oder Wiesenkönigin

Zinnkraut und Brennnessel gehören zu den entwässernden Kräutern. Das Zinnkraut (getrockneter Ackerschachtelhalm) besitzt einen hohen Kieselsäuregehalt und ist deshalb für Haut und Haare wertvoll. Außerdem ist dieses Heilkraut für alle Menschen mit erhöhten Harnsäurewerten interessant, da es diese Werte positiv beeinflussen, also absenken kann. Thymian und Salbei sind natürliche Desinfektionskräuter, sie wirken allgemein kräftigend und unterstützen durch ihre Gerb- und Bitterstoffe die Verdauung. Dasselbe trifft auf die Schafgarbe zu. Auch sie ist aufgrund ihrer Inhaltsstoffe krampflösend, entzündungshemmend und verdauungsfördernd. Orangenblüten und Spierkraut kurbeln den Stoffwechsel an.

Leber-und-Galle-Tee

Die Zutaten:

- 40 g Löwenzahnkraut und Wurzel
- 20 g Mariendistelkraut und Früchte
- 20 g Gänseblümchenblüten
- 10 g Rosmarinblätter
- 10 g Kamilleblüten

Löwenzahn und Mariendistel sind die klassischen Leber- und Gallenkräuter.

Gänseblümchenblüten sind gut für den Stoffwechsel.

Der Löwenzahn mit seinem Hauptwirkstoff Taraxin entlastet diese Entgiftungsorgane bei ihrer Arbeit. Die Mariendistel – sie gehört übrigens zu den schönsten und größten Disteln überhaupt – wird auch „Leberschützkraut" genannt, was wohl auf den Wirkstoffkomplex Silymarin zurückzuführen ist.

79

Hexen-Husten-Tee

Hexen-Husten-Tee zaubert in der Not den Husten weg.

Silymarin unterstützt die Regeneration der Leber vor allem bei der so genannten Fettleber, welche durch Fehlernährung und einen erhöhten Alkoholkonsum entstehen kann. Ich habe allerdings auch schon gertenschlanke Abstinenzler mit einer Fettleber kennengelernt. Eine reine Mariendistelkraut-Teekur kann hier ein- bis zweimal jährlich Wunder wirken. Gänseblümchenblüten sehen nicht nur schön aus, sie haben zudem einen positiven Einfluss auf den Stoffwechsel. Rosmarinblätter sind durchblutungs- und kreislaufanregend, außerdem helfen sie bei Völlegefühl, Blähungen und leichten krampfartigen Magen- und Gallestörungen. Kamillenblüten runden diese Leber-und-Galle-Teemischung in Wirkung und Geschmack ab.

Die Zutaten:
- ► 40 g Salbeiblätter
- ► 40 g Thymianblätter
- ► 40 g Spitzwegerichblätter

Diese Teemischung habe ich vor vielen Jahren in höchster Not für mich selbst gebraut. Die Not bestand darin, dass ich spürte, wie mir der Hals „zu ging". Sie kennen vielleicht das Gefühl: Man geht morgens noch putzmunter aus dem Haus, gegen Abend fängt der Hals an zu kratzen, man bekommt Schluck- und Sprechbeschwerden, kurzum, der Erkältungsdämon hat uns am Wickel. Genau das war auch bei mir der Fall. In dieser Situation hatte ich allerdings das Problem, dass sich für den nächsten Tag 120 Landfrauen für einen Vortrag angemeldet hatten.

Nun hieß es tatsächlich, mit Kräutern hexen! Und das ist mir mit dieser Mischung in just diesem Fall auch gelungen. Nach einer intensiven Abendkur mit dem Hexen-Husten-Tee war ich am nächsten Morgen wieder bei Stimme. Die desinfizierenden, zusammenziehenden und leicht antibiotischen Inhaltsstoffe dieses Tees haben also ausgezeichnet gewirkt. Ich habe hier übrigens zwei Esslöffel Mischung pro Tasse mit kochendem Wasser überbrüht und fünf Minuten ziehen lassen. Das Ganze trinkt man schluckweise und süßt es eventuell mit etwas Honig. Normalerweise reichen zwei bis drei Tassen am Tag.

Magentee

Die Zutaten:
- 30 g Kamillenblüten
- 20 g Johanniskraut
- 20 g Melissenblätter
- 10 g Wermutkraut
- 10 g Fenchelfrüchte
- 10 g Anis

Fenchelfrüchte stoße ich vor jedem Gebrauch im Mörser leicht an.

Wenn es Sie bei dem Gedanken an einen Magentee schon vorher schüttelt, weil Sie an ein extrem bitteres Etwas erinnert werden, so sollten Sie einmal Ihren ganzen Mut zusammennehmen und diese Mischung probieren. Sogar dann, wenn Sie keine Magenbeschwerden haben. Diese Hausmischung schmeckt nämlich weder bitter, noch sonst irgendwie unangenehm. Im Gegenteil, es wird sich gerade nach dem Essen ein wohltuendes Gefühl in der Magengegend einstellen, denn ich habe diesen Tee unter dem Aspekt des „Wohlfühlverdauens" zusammengestellt.

Sie kennen vielleicht den Spruch: „Lieber den Magen verrenken, als dem Wirt was schenken!" Der Wermut war bei solchen Magenverrenkungen schon immer als heilsames Bitterkraut im Einsatz. Anis und Fenchel mit ihren blähungstreibenden und krampflösenden Eigenschaften helfen Babys bei Bauchweh und sie wirken natürlich auch noch bei Erwachsenen. Kamille ist als Linderungskraut bei akuten Magenbeschwerden schon lange im Einsatz. Johanniskraut und Melisse verfügen über eine ausgleichende und beruhigende Wirkung, welche sich vor allem bei nervösen Magenbeschwerden positiv bemerkbar macht. Nun kennen Sie also das Geheimnis dieser zauberhaften Magentee-Mischung nach Art der Kräuterhexe.

Mit Schlaftee fällt das
Einschlafen leichter ...

Frauentee

Die Zutaten:

- ▶ 30 g Frauenmantelkraut
- ▶ 10 g Salbeiblätter
- ▶ 10 g Zinnkraut
- ▶ 10 g Birkenblätter
- ▶ 10 g Melissenblätter
- ▶ 10 g Brennnesselblätter
- ▶ 10 g Erdrauchkraut
- ▶ 10 g Brombeerblätter

Was kommt Ihnen bei dieser Mischung außer Frauenmantel „fraulich" vor? Ich will es Ihnen erklären: Zinnkraut, Birkenblätter und Brennnesselblätter wirken entwässernd. Salbeiblätter entfalten eine schweißhemmende, desinfizierende und hormonell stimulierende Wirkung. Melisse macht sich beruhigend und ausgleichend bemerkbar. Das Erd-rauchkraut und die Brombeerblätter bringen den Stoffwechsel wieder auf Trab.

Sie sehen, es handelt sich bei diesem Tee tatsächlich um eine Kräuter-Kombination, die bei PMS (Prämenstruelles Syndrom) und bei Beschwerden während der Wechseljahre ihren Einsatz findet. Bei diesen „Zuständen" fühlen wir uns häufig unwohl und aufgedunsen durch Wassereinlagerungen. Unser Nervenkostüm zeigt erhebliche Lücken und (nächtliche) Schweißausbrüche machen uns das Leben schwer. Wer dieses Missbefinden mit Hilfe von Heilkräutern behandeln möchte, kann mit dieser Heiltee-Mischung eine Linderung bewirken. Den Frauentee sollten Sie am besten kurweise über einen längeren Zeitraum (etwa vier Wochen) anwenden.

Schlaftee

Die Zutaten:

- ▸ 20 g Melissenblätter
- ▸ 20 g Baldrianwurzel
- ▸ 20 g Johanniskraut
- ▸ 20 g Passionsblumenkraut
- ▸ 10 g Fenchelfrüchte
- ▸ 10 g Waldmeisterkraut
- ▸ 10 g Hopfenzapfen

Nach meiner Kräuterhexenerfahrung gehören Schlafstörungen zu den häufigsten Problemen unter den Menschen. Männlein und Weiblein, jung und alt, wohlhabend oder nicht, Verheiratete, Verbandelte oder Singles, zuhause oder unterwegs – niemand ist vor gelegentlichen Störungen beim Ein- und Durchschlafen verschont. Das mag verschiedene Ursachen haben, meistens sind Schlafstörungen jedoch psychisch bedingt. Daneben können Kaffee oder Alkohol, Schmerzen, eine Krankheit oder ein zu üppiges und sehr spätes Essen am Abend unsere Nachtruhe empfindlich stören. Mein Schlaftee soll Ihnen ein bisschen dabei helfen, entspannt in „Morpheus' Arme" zu sinken.

Melisse, Baldrian und Hopfen sind altbekannte Beruhigungskräuter. Melissenblätter erntet man vor der Blüte an einem trockenen Sommertag. Die Baldrianwurzel wird im Herbst ausgegraben, gereinigt und klein geschnitten zum Trocknen ausgelegt, erst dabei entwickelt sich der spezifische Baldriangeruch. Vom Hopfen werden die weiblichen Blüten, die so genannten Zapfen, verwendet. Man erntet im Spätsommer, kurz bevor sie völlig ausgereift sind.

Johanniskraut ist für seine entspannende und nervenberuhigende Wirkung bekannt. Fenchel habe ich wegen seiner krampflösenden und verdauungsfördernden Inhaltsstoffe dazugegeben. Sie werden sich nun vielleicht fragen, was denn Waldmeister und Passionsblume in dieser Mischung sollen? Waldmeister schmeckt nicht nur gut, sondern er hat gleichzeitig eine beruhigende Wirkung. Im Vergleich zum bitteren Hopfen kann man einen Waldmeistertee getrost pur genießen. Ein bis zwei Tassen davon, am Abend getrunken, können durchaus beim Einschlafen helfen. Etwas exotischer ist die Passionsblume. Für meine Mischung habe ich die reine Wildform dieses Gewächses, das eigentlich aus Brasilien stammt, verwendet. Nun kennen Sie das Geheimnis des Schlaftees nach Art der Kräuterhexe: verdauungsfördernd, krampflösend, nervenberuhigend, entspannend und Schlaf fördernd.

Waldmeister im Tee wirkt beruhigend.

Gewürzmischungen

Salatkräuter

Die Zutaten:

- 20 g Petersilienblätter
- 20 g Schnittlauchröllchen
- 20 g Dillspitzen
- 20 g Zwiebelstückchen, getrocknet
- 10 g Sellerieblätter
- 10 g Paprikaflocken

Bei dieser Mischung werden alle Kräuter in getrocknetem Zustand gemischt und klein gemahlen. Paprika verwenden wir in geschroteter Qualität und nicht als Pulver. Alle anderen Kräuter können selbst getrocknet werden, wobei es empfehlenswert ist, die

Kräuter gehören in jeden Salat.

Zwiebel bereits fertig getrocknet zu kaufen. Diese aromatische Mischung ist für alle Salate geeignet. Sie bringt uns in den Wintermonaten den Sommer zurück, zumindest geschmacklich.

Da ich kein Salz dazugegeben habe, ist diese Mischung auch für Menschen geeignet, die auf Kochsalz verzichten müssen oder wollen. Damit Petersilie, Dill, Schnittlauch und Sellerieblätter nicht ausbleichen, sollten Sie Ihren Vorrat der Salatkräutermischung immer dunkel aufbewahren.

Fischkräuter

Die Zutaten:

- 20 g Kerbelkraut
- 20 g Dillspitzen
- 20 g Thymianblätter
- 10 g Basilikumkraut
- 10 g Salbeiblätter
- 10 g Koriander, gemahlen
- 10 g Rosmarinblätter

Die klassischen Fischkräuter Kerbel und Dill habe ich mediterran aufgemischt, so dass sie eigentlich für jede Fischart geeignet sind. Ob Sie Ihren „Fang" nun kochen, dünsten, braten oder grillen, diese Kräuterkombination verleiht Ihrem Fischgericht in jedem Fall das gewisse Etwas. Sie sollten allerdings sparsam damit umgehen, da die Würze durch den hohen Anteil ätherischer Öle sehr kräftig ausfällt.

Brotkräuter

Die Zutaten:
- ▸ 20 g Petersilienblätter
- ▸ 20 g Brennnesselblätter
- ▸ 10 g Liebstöckelblätter
- ▸ 10 g Koriander, gemahlen
- ▸ 10 g Kümmelfrüchte
- ▸ 10 g Senfkörner, gemahlen
- ▸ 5 g Kamillenblüten
- ▸ 5 g Anis
- ▸ 5 g Fenchelfrüchte
- ▸ 5 g Schabzigerklee

Wenn Sie die Zutatenliste für diese Mischung lesen, dann kommt Ihnen manches vielleicht etwas merkwürdig vor. Klar, Brennnesselblätter und Kamillenblüten im Brot sind sicherlich ein wenig ungewöhnlich. Und was ist eigentlich Schabzigerklee? Das ist wahrlich keine Bildungslücke, wenn Sie noch nie etwas davon gehört oder geschmeckt haben. Es handelt sich dabei um einen botanischen Verwandten des Bockshornklees. Die getrockneten Blätter dieser Pflanze werden fein gepulvert und entwickeln einen sehr würzigen Duft und Geschmack. In den Alpenländern wird Schabzigerklee bei der Herstellung ver-

Mit dieser Kräutermischung schmeckt der Fisch garantiert.

schiedener Käsespezialitäten eingesetzt. Ich verwende ihn gerne für Frischkäse und Quark, denn er verleiht diesen eine ganz besondere Note, welche ich nicht mehr missen möchte. Aber Vorsicht, eine Messerspitze davon genügt vollauf! Kümmel, Anis und Fenchel kann man sich dagegen schon eher als Brotgewürze vorstellen. Vor allem südländische Fladenbrote bekommen durch sie ihren typischen Geschmack. Koriander und Senfkörner gehören zu den „alten" Würzkräutern und die Küchenkräuter Petersilie und Liebstöckel werden ja selbst von wahren Kochbanausen hin und wieder benutzt, warum also nicht etwas davon in den Brotteig geben?

Diese Würzmischung verleiht Ihrem Brot einen einmaligen, angenehm kräutrigen Geschmack, wirkt darüber hinaus wohltuend und verdauungsfördernd und sie ist für alle Teigarten geeignet. Schon während des Backens wird Ihre Küche vom Brotduft erfüllt sein. Als Anfangsdosierung empfehle ich zunächst einen gehäuften Esslöffel auf 500 g Teig, wobei je nach Geschmack variiert werden kann.

Kräuterbuttergewürz

Die Zutaten:

▸ 1/2 Bund Schnittlauch
▸ 5 Stiele Petersilie
▸ 5 Basilikumblätter
▸ 20 g Zwiebelgranulat
▸ 20 g Knoblauchgranulat
▸ 10 g Paprikaflocken
▸ 2–3 Lavendelblattspitzen
▸ 1 Spritzer Zitronensaft
▸ etwas Salz

Hier nun ein Vorschlag für eine Gewürzmischung, die Sie je nach Jahreszeit aus frischen oder aus getrockneten Bestandteilen zusammenstellen können. Basilikum, Schnittlauch, Petersilie und Lavendel stehen den ganzen Sommer über frisch zur Verfügung. Sie werden fein gewiegt und mit etwas Olivenöl gemischt. Erst dann ergänzt man mit den trockenen Bestandteilen wie Paprika, Zwiebeln und Knoblauch. Zum Schluss gibt man den Zitronensaft und das Salz dazu. Diese Kräutermischung wird sofort mit 250 g zimmerwarmer Butter vermischt. Die fertige Kräuterbutter stellt man in den Kühlschrank und lässt sie dort noch rund zwei Stunden „reifen“.

Wenn Sie diese Mischung auf Vorrat herstellen möchten, verwenden Sie anstatt der Frischkräuter solche in getrockneter Form. Das Aroma ist dann zwar nicht mehr ganz so intensiv, aber dennoch würzig. Mit dem Kräuterbuttergewürz lassen sich auch Salate und helle Soßen verfeinern.

Kräuter der Provence

Die Zutaten:

▸ 20 g Thymianblätter
▸ 15 g Oregano
▸ 10 g Basilikumkraut
▸ 10 g Bohnenkraut
▸ 10 g Rosmarinblätter
▸ 10 g Majoranblätter
▸ 10 g Koriandersamen
▸ 5 g Anis
▸ 5 g Lavendelblüten
▸ 5 g Fenchelfrüchte

Eine Kräutermischung mit der Bezeichnung „Kräuter der Provence“ wird immer wieder für Überraschungen sorgen, denn normalerweise gleicht keine der anderen. Zwar sind immer die Hauptbestandteile Thymian, Rosmarin, Oregano und Basilikum vorhanden, aber schon das Mischungsverhältnis lässt sich auf verschiedene Art und Weise variieren.

**Vesper à la Kräuterhexe:
Brot mit Kräuterbutter**

Ich habe für Sie eine besondere Mischung zusammengestellt, die mich immer wieder an den Duft und an die Flora der Provence erinnert. Auch wenn es für den Einen oder Anderen noch gewöhnungsbedürftig ist, aber was wäre die Kräuter-der-Provence-Mischung ohne ein paar Lavendelblüten? Thymian, Bergbohnenkraut, Rosmarin, Fenchel, Oregano und Lavendel findet man dort wild wachsend wie bei uns Brennnessel, Löwenzahn und Co. Majoran, Basilikum, Anis und Koriander müssen dagegen im Garten angebaut werden. Diese Trockenkräuter-Mischung kann für alle mediterranen Gerichte verwendet werden.

Kräuter der Provence – der ganze Duft des Südens in einem Gewürz

Würzmischung für Fleisch

Die Zutaten:

- ▶ 10 g Majoranblätter
- ▶ 10 g schwarze Pfefferkörner
- ▶ 10 g Korianderkörner
- ▶ 10 g Bohnenkraut
- ▶ 10 g Zwiebelgranulat
- ▶ 10 g Knoblauchgranulat
- ▶ 10 g Senfkörner
- ▶ 10 g Muskatnuss, gemahlen
- ▶ 10 g Basilikumkraut
- ▶ 10 g Thymianblätter

Für diese Gewürzmischung werden zunächst die ganzen Bestandteile wie Majoran, Pfeffer, Koriander, Bohnenkraut, Senfkörner, Basilikum und Thymian gemischt und in einem Mörser oder einer Küchenmaschine angestoßen bzw. zerkleinert. Erst jetzt gibt man die bereits gemahlenen und die granulierten Gewürze dazu. Diese Mischung eignet sich

für alle Fleischarten, selbst für Lamm oder Geflügel. Salz wird je nach Geschmack nachträglich zugefügt.

Wenn ich mit dieser Würzmischung das Fleisch marinieren möchte, nehme ich etwa einen Esslöffel davon und verrühre diese Menge mit drei bis vier Esslöffeln Olivenöl. Damit wird das Fleisch eingepinselt und für einige Stunden im Kühlschrank aufbewahrt, bevor ich es anschließend anbrate oder gegrillt serviere. Noch ein Tipp für die Soße: Nachdem Sie das Fleisch angebraten haben, nehmen Sie es heraus und geben einige Fleischknochen ins heiße Fett, die Sie ebenfalls scharf anbraten. Danach wird die Einbrenne mit etwas Wasser, Wein oder Brühe abgelöscht und mit zwei bis drei zerbrochenen Lorbeerblättern gewürzt. In dieser kräftigen Soße kann Ihr Braten nun gemütlich fertig garen. Ein bis zwei Blättchen Weinraute oder etwas Beifußkraut machen das Ganze besser verdaulich. Die Lorbeerblätter und die Blättchen von Weinraute oder Beifuß werden vor dem Servieren wieder entfernt.

Kräutersalze

Den Geschmack verstärken

Bei allen bisher besprochenen Würzmischungen habe ich eines bewusst vermieden – nämlich das Salz! Diesem Geschmacksverstärker möchte ich mich in den nun folgenden Rezepturen widmen. Wir werden uns also Gedanken darüber machen, wie Kräutersalz schmecken kann. Die Herstellung ist immer die gleiche, egal wie viele Kräuter sich in der Mischung befinden. Beginnen wir mit ein paar einfachen Mischungen:

Majoransalz

Die Zutaten:
- 30 g getrocknete Majoranblätter
- 70 g Meersalz

Beide Zutaten werden gemischt und in einem Mörser fein verrieben. Das Salz sollte eine einheitliche Farbe haben. Diese Mischung eignet sich vor allem für deftige Gerichte.

Bohnenkrautsalz

Die Zutaten:
- 40 g Bohnenkraut, getrocknet
- 60 g Meersalz

Das Bohnenkraut kann entweder einjähriges Sommerbohnenkraut oder mehrjähriges Bergbohnenkraut sein. Die Zutaten werden mit dem Mörser verrieben. Dieses Kräutersalz eignet sich vor allem für Bohnengerichte, aber auch für Linsen oder Fleisch.

Tomaten-Würz-Salz

Die Zutaten:
- 20 g Basilikum
- 10 g Oregano
- 10 g Petersilie
- 60 g Meersalz

Tomaten und Basilikum sind geschmacklich ein sehr gutes Gespann, das Sie vielleicht schon oft als italienische Vorspeise genießen konnten. Leider besitzt getrockneter Basilikum nicht mehr das intensive Aroma wie im frischen Zustand. Aus diesem Grunde habe ich etwas Oregano und Petersilie dazugehext. Dieses Kräutersalz schmeckt aber nicht nur zu Tomaten, sondern auch zu vielen anderen Gerichten.

Sandbauernsalz

Die Zutaten:
- 20 g Bärlauchblätter
- 10 g Majoranblätter
- 10 g Oregano (Dost)
- 60 g Salz

Sie werden sich zunächst einmal über den Namen dieses Salzes wundern. Deshalb möchte ich Ihnen „die Story" kurz erzählen: Die Bewohner meines Wahlheimatortes Sternenfels waren in früheren Zeiten so genannte Sandbauern, sie haben in Steinbrüchen weißen Stubensandstein gebrochen, gemahlen und anschließend als Putz- oder Fegesand in der ganzen Umgebung verkauft. Nachdem Anfang des letzten Jahrhunderts pflegeleichte Bodenbeläge und Reinigungsmittel erfunden wurden, war dieser Berufsstand zum Aussterben verurteilt. Zum Andenken an diesen kulturhistorisch besonderen Aspekt habe ich das „Sandbauernsalz" als Sternenfelser Spezialität erfunden.

Bärlauch, Majoran und Dost (Oregano) sind Kräuter, die ich hier im Umland wild sammle oder frisch aus dem Garten hole und sie dann behutsam trockne. Das Salz erinnert an den gemahlenen Stubensand vergangener Tage. Diese Salzmischung ist universell einsetzbar für alle Gerichte, die mit Kräutern und Salz gewürzt werden können.

Kräutersalz „Italien"

Die Zutaten:
- 6 g Oregano
- 6 g Majoran
- 6 g Basilikum
- 6 g Bohnenkraut
- 6 g Thymian
- 6 g Rosmarin
- 64 g Meersalz

Diese Kräutermischung sollten Sie sich in einer größeren Menge auch ohne Salz auf Lager legen, da sie sehr vielfältig verwendet werden kann. Bei Gerichten wie Tütensuppen, Dosengerichten oder Tiefkühlware kann mit dieser Mischung nachgewürzt werden. Ich bin selbst kein Freund von solchen Fertigprodukten und verwende sie daher nicht, aber ich weiß, dass ein großer Teil der Bevölkerung aus Zeitgründen auf solche Speisen zurückgreift. Diese Würzkräuter sind mit und ohne Salz nicht nur für italienische Gerichte geeignet.

Vier Kräutersalzmischungen auf einen Blick: Hexenkräutersalz, Sandbauernsalz, Kräutersalz „Italien", Tomaten-Würz-Salz (rechts neben dem Besen, v. l. n. r.)

Bärlauchblätter muss man vor der Blüte pflücken!

Kräutersalz der Sternenfelser Kräuterhexe

Die Zutaten:
- 5 g Bohnenkraut
- 5 g Kerbel
- 5 g Basilikum
- 5 g Liebstöckelblätter
- 5 g Rosmarin
- 5 g Oregano
- 5 g Koriander
- 5 g Bärlauch
- 60 g Meersalz

Das ist sie also, die geheime Mischung der Kräuterhexe, nach der bereits viele meiner Kunden süchtig sind. Sie entstand vor vielen Jahren, als mir das ewige Einheitsaroma der im Handel befindlichen Kräutersalze zuwider war. Egal von welchem Hersteller, alles schmeckte irgendwie immer nach viel zu viel Sellerie und Paprika. Unter einem Kräutersalz habe ich mir immer etwas anderes vorgestellt als ein Gemüsesalz. Offensichtlich geht es nicht nur mir so, denn die Nachfrage nach eben dieser Mischung steigt ständig.

Das Kräuterhexensalz eignet sich – als „Salz für alle Fälle" – zum Nachwürzen von Fleisch, Fisch, Salaten, Gemüsen, Eintöpfen und was sonst noch so an Speisen auf den Tisch kommt.

Kräuteröle

Ein paar Tipps vorab

Wie bereits erwähnt, verleihen aromatisierte Öle vielen Gerichten eine besondere Note. Ich habe festgestellt, dass die Auswahl und der Gebrauch von Würzölen noch stark ausbaufähig sind. Deshalb möchte ich Ihnen mit den nun folgenden Rezepturen Lust und auch Mut machen, diese Würzspezialitäten einmal zu probieren. Welche Öle sich dabei als Basisöle eignen, habe ich im Kapitel „Wissenswertes über Kräuteröle" (siehe ab Seite 47) bereits beschrieben.

Ich möchte es an dieser Stelle jedoch nicht versäumen, Sie noch einmal auf die Besonderheiten bei der Würzölherstellung aufmerksam zu machen. Getrocknete Kräuter sind am einfachsten zu verarbeiten. Sie sehen in der Flasche nicht ganz so dekorativ aus wie Frischkräuter, aber in diesem Fall ist der Geschmack wichtiger. Bei der Verarbeitung von frischen Kräutern sollten Sie unbedingt darauf achten, dass wirklich alle Pflanzenteile mit Öl bedeckt sind, weil sie sonst in kürzester Zeit schimmeln würden. Nach Anbruch der Flasche werden alle Kräuter, egal ob sie nun getrocknet oder frisch verarbeitet wurden, erst einmal abfiltriert.

Die Zubereitung der Kräuteröle ist weitgehend ähnlich: Getrocknete oder frische Kräuter werden in Öl eingelegt und

Kräuteröl und Kräuteressig sollen im Hellen (aber nicht in der Sonne) durchziehen.

ungefähr 14 Tage lang im Hellen (nicht in der Sonne) stehengelassen. Nach dieser Zeit hat das Öl das Aroma der Gewürze angenommen und kann benutzt werden. Nun sollten Sie Ihre Öle kühl und dunkel, aber möglichst nicht im Kühlschrank, lagern. Kräuteröle sind willkommene Geschenke zu vielen Anlässen, denn Individualität ist gefragt. Wie bei den Gewürzmischungen können Sie auch bei den Würzölen Ihrer küchentechnischen Kreativität völlig freien Lauf lassen und die Ergebnisse einer staunenden Gästeschar zur Verkostung präsentieren.

Salatkräuteröl

Die Zutaten:

- ▸ 20 g Kerbelkraut
- ▸ 20 g Schnittlauch
- ▸ 20 g Zwiebeln
- ▸ 10 g Dillspitzen
- ▸ 10 g Basilikumblätter
- ▸ 10 g Liebstöckelblätter
- ▸ 10 g weiße Pfefferkörner, gestoßen
- ▸ evtl. 1 Knoblauchzehe
- ▸ 1 Liter Öl

Zitronenschale inklusive: Kräuteröl für Fischgerichte

Dieses Kräuteröl eignet sich für alle Blattsalate, auch Kartoffelsalat bekommt damit ein besonderes Aroma. Die Rezeptur bezieht sich auf das getrocknete Kraut, sie kann ebenso mit frischen Kräutern hergestellt werden. Dazu werden alle Zutaten klein geschnitten, damit sich die Aromen schnell und gründlich entfalten können. Die Knoblauchzehe kann je nach Gusto auch weggelassen werden.

Kräuteröl für Fischgerichte

Die Zutaten:

- ▸ 30 g Dillspitzen
- ▸ 20 g Zitronenmelissenblätter
- ▸ 10 g Koriandersamen
- ▸ 10 g Rosmarinblätter
- ▸ 10 g Zitronenschale, frisch abgeschält
- ▸ 10 g Salbeiblätter
- ▸ 10 g Piment
- ▸ 1 Liter Öl (ideal wäre Erdnussöl)

Ein Kräuteröl in dieser Zusammensetzung werden Sie in keinem Lebensmittelgeschäft käuflich erwerben können, denn die Rezeptur ist wirklich ausgefallen. Sie können den Rosmarin als Zweig, die Salbeiblätter und Melissenblätter auch im Ganzen hinzufügen. Sehr dekorativ ist die Zitronenschale, wenn sie als dünne Spirale abgeschält wird. Dass es sich hierbei um die Schale von ungespritzten Zitronen handeln sollte, muss ich sicher nicht extra erwähnen. Die Fische werden vor dem Braten, Grillen oder Dünsten mit diesem zitronig-pikanten Öl eingepinselt.

Vier-Pfeffer-Würzöl

Die Zutaten:

- 20 g weiße Pfefferkörner
- 20 g schwarze Pfefferkörner
- 20 g rote/rosa Pfefferkörner
- 20 g grüne Pfefferkörner
- 1/2 Liter Olivenöl

Alle Pfeffersorten werden in einem Mörser grob angestoßen, in eine Flasche gegeben und mit Öl aufgegossen. Für diese Rezeptur habe ich Olivenöl vorgesehen, da es sich geschmacklich hervorragend mit dem Pfefferaroma verträgt. Was den roten oder rosa Pfeffer betrifft, so werde ich immer wieder danach gefragt, was das für eine Pflanze sei. Nun, als rosa Pfeffer bezeichnet man die fast reifen, weichen, rosafarbenen Beeren des in Südamerika beheimateten brasilianischen Pfefferbaumes (*Schinus terebinthifolius*), der aber nicht zu den echten Pfeffergewächsen gehört. Sie schmecken fruchtig-harzig und geben Pfeffermischungen eine schöne Farbe. Rosa Pfeffer sollten Sie sparsam verwenden, da die Schinus-Beeren in größeren Mengen giftig sind. Grüne Pfefferkörner sind die unreif geernteten Beeren des Pfefferstrauches. Weißer Pfeffer besteht aus den Kernen der am Strauch gereiften Früchte, die nach dem Pflücken geschält wurden. Der schwarze Pfeffer ist nichts anderes als grüne, vor der Vollreife geerntete und an der Sonne getrocknete Beerenfrüchte.

Olivenöl + bunter Pfeffer = Vier-Pfeffer-Würzöl

Ich hoffe, ich habe Sie jetzt nicht zu sehr durcheinander gebracht, aber ich denke, es ist interessant zu wissen, was es mit den verschiedenen Pfeffersorten auf sich hat. Das fertige Öl kann zu allen Gerichten gegeben werden, die eine zusätzliche sanfte Schärfe vertragen.

Mediterranes Kräuteröl (Pizzaöl)

Die Zutaten:
- 30 g Thymianblätter
- 30 g Rosmarinblätter
- 30 g Oregano
- 10 g Pimentfrüchte
- 5 g Chili- oder Paprikaschoten
- 1 Knoblauchzehe
- 1 Liter Olivenöl

Die Kräuter der Mittelmeerländer geben diesem Öl seine besondere Würze. Thymian und Rosmarin können auch als kleine Zweige in das Öl eingelegt werden. Pimentfrüchte schmecken scharf-aromatisch und erinnern im Duft etwas an Gewürznelken. Daher auch der Name „Nelkenpfeffer". Wir haben dieses Gewürz übrigens keinem geringeren als Christoph Kolumbus zu verdanken, der es aus der Neuen Welt nach Europa mitbrachte. Noch ein Wort zu den Chilischoten. Es gibt sie in verschiedenen Schärfegraden, alle enthalten das

scharfe und schleimhautreizende Capsaicin. Es ist daher sinnvoll, Gummihandschuhe zu tragen, wenn man in der Küche mit Chilischoten arbeitet. Chilischoten gibt es in verschiedenen „Schärfen", so dass man eher sparsam damit würzen sollte. Die in diesem Rezept verwendete Knoblauchzehe kann kurz in einer Pfanne ohne Fett angeröstet werden.

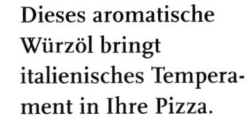

Dieses aromatische Würzöl bringt italienisches Temperament in Ihre Pizza.

Zimtöl

Die Zutaten:

- ▸ 20 g Kardamomkapseln
- ▸ 20 g Gewürznelken
- ▸ 4 Zimtstangen
- ▸ 1 Liter Erdnussöl

Zimt in Öl ist ein eher ungewöhnlicher Anblick. Er besitzt einen exotischen Geschmack. Aber warum nicht? Dieses zusätzlich mit Gewürznelken und Kardamom aromatisierte Öl ist etwas Besonderes. Ich verwende es als Ausbacköl für Waffeln, Pfannkuchen oder für Früchte und Gemüse im Teigmantel. Als Grillöl für Geflügel bietet sich diese Würzspezialität ebenfalls an. Damit ich es hoch erhitzen kann, verwende ich Erdnussöl als Basisöl.

Mit Kardamom wurde bereits im frühen Ägypten in Griechenland und Rom gewürzt. Seit dem Mittelalter war dieses Gewürz auch in Deutschland bekannt. Es handelt sich dabei um die Kapseln und Samen der Kardamompflanze, die in Malabar, Ceylon, Mexiko und Guatemala beheimatet ist. Die grünen Früchte werden noch vor der Vollreife gepflückt und sofort getrocknet. Kardamom wird als Würze für allerlei Getränke, Desserts, zum Backen oder als Bestandteil von aromatisierten alkoholischen Getränken verwendet.

Es kann sein, dass Sie mit dem Aroma von Kardamom schon einmal in einer ganz anderen Rezeptur Bekanntschaft gemacht haben. Die so genannten Kompositeure hochwertiger Parfüms verwenden Kardamom nämlich häufig zur Abrundung Ihrer Duftkreationen.

Zimtstangen sind abgeschälte und getrocknete Rindenstücke des Zimtbaumes.

Provenzalisches Würzöl

Die Zutaten:

- ▸ 10 g Thymianblätter
- ▸ 10 g Bohnenkraut
- ▸ 10 g Oregano
- ▸ 10 g Rosmarinblätter
- ▸ 10 g Majoranblätter
- ▸ 10 g Lavendelblüten
- ▸ 10 g Fenchelfrüchte
- ▸ 10 g Korianderkörner
- ▸ 10 g Pfefferminzblätter
- ▸ 10 g Zitronenschale, frisch abgeschält
- ▸ 1 Liter Sonnenblumenöl

Die Provence im französischen Süden ist Inhalt vieler Urlaubs-, aber auch Lebensträume. Man verbindet diese Gegend mit Sonne, Wärme, vielen Düften und einer südländischen Lebensweise, wie wir sie hier jenseits der Alpen nicht vorfinden. Deshalb möchte ich Sie, zumindest was das Essen betrifft, mit dieser Rezeptur in den Urlaub schicken. Um den Traum realer zu gestalten, können Sie Thymian, Bohnenkraut, Rosmarin, Pfefferminze und Lavendel als ganze Zweige einlegen. Die frisch abgeschälte Zitronenschale kann klein geschnitten oder in Spiralform zugegeben werden.

Füllen Sie dieses Öl in eine dekorative, bauchige oder sonst irgendwie interessante Flasche, um die Kräuter der Provence, quasi als Urlaubssouvenir in Öl, zu konservieren.

Basilikum-Lorbeer-Öl

Die Zutaten:
- ► 3 Stängel frischer Basilikum
- ► 6 Lorbeerblätter, getrocknet
- ► 2 Knoblauchzehen, geröstet
- ► 1/2 Liter Olivenöl

Bei dieser Rezeptur habe ich wieder einmal frische und getrocknete Kräuter gemischt. Die Basilikumstängel werden vorsichtig abgewaschen und gründlich trocken getupft. Die Knoblauchzehen in der Pfanne ohne Fett kurz anrösten und zusammen mit den ganzen, leicht eingerissenen Lorbeerblättern in eine Flasche geben und mit Olivenöl aufgießen. Nach 14 Tagen Ruhezeit können Sie ein delikat schmeckendes Kräuteröl probieren, das nicht nur mit Tomaten und Mozzarellakäse lecker schmeckt.

Basilikum-Lorbeer-Öl passt besonders gut zu Mozzarella und Tomaten.

Würziges Öl mit Bohnenkraut

Die Zutaten:

- 5 Stängel frisches oder 40 g getrocknetes Bergbohnenkraut
- 20 g Rosmarinblätter
- 5 Stängel Ysopkraut mit Blüten
- 1 Teelöffel gequetschte Wacholderbeeren

Dieses sehr würzige Würzöl passt gut zu kräftigen Salaten wie Bohnensalat, Gemüsesalat, Kartoffelsalat und zu Nudel- oder Fleischsalaten. Gemüsegerichte, die in Fett angedünstet werden, bekommen durch dieses Aromaöl eine feine Würze. Außerdem machen sich die verdauungsförderlichen Inhaltsstoffe gerade bei deftigen Gerichten angenehm bemerkbar. Das Ysopkraut können Sie auch ohne Blüten oder getrocknet verwenden.

Thymianöl

Die Zutaten:

- 50 g Thymianblätter
- 10 Salbeiblätter
- 3 Sternanisfrüchte
- 1/2 Liter Sonnenblumenöl

Das würzige Thymianöl ist besonders fürs Marinieren von Fleisch, zum Braten oder zum Grillen geeignet. Aber auch Pizza- oder Fladenbrotteig kann mit dieser Ölmischung parfümiert werden. Da es schnell und unkompliziert hergestellt werden kann und durch die Salbeiblätter und die Sternanisfrüchte sehr dekorativ aussieht, eignet sich dieses Öl ideal zum Verschenken.

Sammeln Sie das Jahr über dekorative klare Glasflaschen und beglücken Sie Ihre Lieben zu Weihnachten einmal mit einem selbst gemachten Würzöl.

Im Öl bleibt das würzige Thymian-Aroma lange erhalten.

97

Kräuteressig

Gesammelte Erfahrungen

Ich habe die Erfahrung gemacht, dass sich selbst relativ unerfahrene Köchinnen und Köche an die Herstellung einer solchen Spezialität heranwagen. Vielleicht liegt das daran, dass es im wahrsten Sinne des Wortes kein Hexenwerk ist, einen Würzessig selbst anzusetzen. Alles, was Sie dazu brauchen, ist Weinessig mit fünf bis sechs Prozent Säure, schöne Glasflaschen mit Verschluss, frische oder getrocknete Kräuter und Gewürze. Im Gegensatz zu den Kräuterölen empfehle ich, hier überwiegend frische Kräuter zu verwenden, da jene den Essig intensiver aromatisieren. Außerdem ist Essig ein natürliches Konservierungsmittel, so dass wir keine Bedenken wegen der Haltbarkeit haben müssen. Ob Sie nun Rotwein- oder Weißweinessig verwenden, hängt von Ihren Präferenzen ab.

Würzessige werden genau wie die Kräuteröle im Hellen ausgezogen. Auch hier ist die Herstellung immer dieselbe: Die Kräuter werden in eine Flasche gegeben und mit dem Essig aufgegossen. Nach 14 Tagen Ruhezeit ist Ihr Essig gebrauchsfertig. Kräuteressige müssen Sie bei Anbruch der Flasche nicht sofort abfiltrieren, Sie können die Kräuter erst einmal in der Flasche lassen.

Rote Duftrosenblüten färben meinen Rosenblütenessig intensiv rosa.

Borretschessig mit Zitrone

Die Zutaten:

- 3 Zweige Borretsch, wenn möglich mit Blüten
- Schale einer halben Zitrone, als Spirale abgeschält
- 1 Knoblauchzehe
- 1/2 Liter Weißweinessig

Borretsch oder Gurkenkraut, wie diese Pflanze häufig genannt wird, besitzt ein ausgesprochen frisches Aroma. Eigentlich passt er zu allen Blattsalaten und natürlich zu Gurkensalat. Leider haben viele Menschen Probleme mit seinen etwas derben Borstenhaaren, so dass sich so manche Hausfrau davor scheut, diese leckeren Blätter in den Salat zu geben. Hier bietet sich nun der „Umweg" über den Essig an. Die himmelblauen Borretschblüten werden sich in der Flasche aufgrund der Säure rosa verfärben. Das ist eine normale chemische Reaktion. Die Zitronenschale verleiht dem Ganzen einen fruchtig-frischen Geschmack. Ob Sie den Knoblauch dazugeben oder weglassen, liegt in Ihrem eigenen Ermessen.

Rosenblütenessig

Die Zutaten:
- Blütenblätter von 6 Duftrosenblüten
- 10 g getrocknete Jasmin- oder Robinienblüten
- 1 Teelöffel gestoßene Anisfrüchte
- 2 Esslöffel Akazienhonig
- 1/2 Liter Weißweinessig

Wenn Ihnen beim Lesen dieser Rezeptur das Wasser im Munde zusammenläuft, so reagieren Sie durchaus normal auf solch eine leckere und duftende Kreation. Dieser sehr feine Würzessig passt zu leichten Sommersalaten, aber auch zu manch ausgefallenem Dessert. Selbst für Mixgetränke ist ein Schuss Rosenessig geeignet. Wenn Sie tiefrote Duftrosen verwenden, bekommt der Essig eine rosa Färbung. Die Blütenblätter bleichen mit zunehmender Lagerzeit aus; dem Geschmack schadet dies aber überhaupt nicht.

Bärlauchessig mit Orangen

Die Zutaten:
- 15 frische Bärlauchblätter
- 1 Esslöffel kandierte Orangenschalen (Orangeat)
- 1 Teelöffel Akazienhonig
- 1/2 Liter Weißweinessig

Dieser kräftig nach wildem Knoblauch schmeckende Würzessig bekommt durch

Mit Orangeat oder Orangenschale abgerundet: mein Bärlauchessig

die Orangenschale und den Honig eine harmonische Abrundung, ohne aufdringlich süß zu schmecken. Bärlauchblätter findet man wild wachsend in feuchten Laubwäldern und ehemaligen Überschwemmungszonen. Er ist allerdings ungerecht verteilt. In Gegenden mit Bärlauchvorkommen können Sie mit einer Sense ernten und in anderen Gegenden finden Sie nicht ein einziges Blatt. Bärlauch hat in den letzten Jahren immer mehr an Bedeutung gewonnen, so dass es in der Zwischenzeit regelrechte „Bärlauch-Events" gibt.

Thymian-Ysop-Essig

Die Zutaten:
- 5 Zweige Thymian
- 5 Zweige Ysop
- 2 Knoblauchzehen
- 2 Esslöffel Orangeat
- 1/2 Liter Rotweinessig

„Vollmundig" ist die richtige Bezeichnung für diese aparte Essigkreation. Sie eignet sich sowohl für leichte Sommersalate, als auch für kräftige Wintersalate wie Feldsalat, Endivie und Radicchio. Selbst zum Einlegen von Wildfleisch oder Sauerbraten ist dieser Würzessig geeignet. Für diese Rezeptur ist der Knoblauch ein absolutes Muss. Wer möchte, kann noch zwei bis drei Lorbeerblätter dazugeben.

Frühlingswiesen-Essig nach Art der Kräuterhexe

Die Zutaten:

- 5 Bärlauchblätter
- 5 Stängel Wiesenschaumkraut
- 10 Gänseblümchen
- 3 Löwenzahnblüten
- 5 Sauerampferblätter
- 1/2 Liter Weißweinessig

Für diese eigenwillige Essigrezeptur habe ich ausschließlich Wildkräuter von der Wiese gesammelt. Solch einen Essig gibt es garantiert nirgends zu kaufen. Da alle Frühlingskräuter einen positiven Einfluss auf unseren Stoffwechsel haben, handelt es sich hierbei nicht nur um eine ausgefallene, sondern auch um eine durchaus gesunde Zubereitung. Dieser Essig ist für die Wildkräuterküche im Frühjahr ideal geeignet.

Mein Tipp: Für einen Wildkräutersalat je eine Hand voll Sauerampferblätter, junge Löwenzahnblätter, junge Brennnesselblätter, Vogelmyrrhe, Rote Taubnessel, einige Schafgarbenblättchen und Ruccola mit einem Kopfsalat und Weißbrotcroutons in einer Salatschüssel mischen und mit Salz, Frühlingswiesen-Essig und Traubenkernöl anmachen.

Bezaubernder Frühlingswiesen-Essig für Wildkräutersalate & Co.

Sommeressig

Die Zutaten:

- 200 g Himbeeren
- 50 g Heidelbeeren
- 4 Duftrosenblüten
- 1 Zimtstange
- 2 Stängel Basilikum
- 1 Liter Weißweinessig
- 1 Esslöffel Zucker

Dies ist ein mit Früchten aromatisierter Essig, weshalb die Herstellung etwas von dem bereits erwähnten Grundrezept abweicht. Die Früchte werden zunächst in ein Einmachglas gegeben und dieses nur mit dem Essig aufgefüllt. Diesen Ansatz lässt man 14 Tage stehen und schüttelt dabei gelegentlich. Nach der Ruhezeit wird durch ein Mulltuch abfiltriert. Die Früchte gibt man in ein Sieb und drückt sie gründlich aus. Der Fruchtessig wird nun mit dem Zucker erhitzt und rund zehn Minuten auf kleiner Flamme geköchelt. Den abgekühlten Essig füllt man zusammen mit den anderen Zutaten in sterilisierte Flaschen ab und verschließt diese gut. Zur Dekoration können Sie noch einige frische Beeren mit in die Flasche geben.

Herbstkräuter-Essig

Die Zutaten:
- 2 Esslöffel Hagebuttenschalen
- 1 kleiner Steinpilz
- 2 Zweige Thymian
- 2 Zweige Oregano
- 2 Zweige Ysop oder Bohnenkraut
- 2 Lorbeerblätter
- 2 Wacholderspitzen
- 1 Knoblauchzehe
- 1/2 Liter Rotweinessig

Die Hagebuttenschalen, den in Scheiben geschnittenen Steinpilz und die zerdrückte Knoblauchzehe mit dem Essig in einen Topf geben, erhitzen und fünf Minuten köcheln lassen. Anschließend abfiltrieren und die festen Bestandteile in eine ausreichend große Flasche füllen. Die Kräuter dazugeben und mit dem abgekühlten Essig auffüllen. Anstatt des Steinpilzes können Sie auch andere Speisepilze verwenden. Sie sollten allerdings einen kräftigen Eigengeschmack haben. Von kleineren Pilzen wie Pfifferlingen, Stoppelpilzen, Hallimasch oder Stockschwämmchen nimmt man eine entsprechend größere Menge. Dieser Essig harmoniert besonders gut mit Wildgerichten.

Winteressig aus Gewürzen

Die Zutaten:
- 1 Stück frischer Ingwer (etwa daumengroß)
- 1 Teelöffel Gewürznelken
- 1 Stange Zimt
- 10 g Senfkörner
- 10 g gestoßene Pfefferkörner
- Schale einer halben Orange
- 3 Schalotten
  - 3 Lorbeerblätter
  - 3 Sternanisfrüchte
  - 1/2 Liter Weißweinessig

Dies ist ein Winteressig, der das ganze Jahr über hergestellt werden kann, denn alle Zutaten sind jederzeit zu bekommen. Sogar die Orange, wobei Sie natürlich auch kandierte Orangenschale (Orangeat) verwenden können. Diese Essigmischung vereinigt fast alle Düfte des Orients in sich. Ich empfehle ihn darum für alle orientalischen und asiatischen Spezialitäten, die hierzulande immer beliebter werden ...

Heidelbeeren, Himbeeren und Rosenblüten zaubern dieses kräftig leuchtende Rot in den Sommeressig.

Meine Hexenkräuter von A–Z

Für Tees, Salze, Essige und Öle

Wichtige Kräuter- und Gewürzpflanzen

Geordnet nach deutschen Pflanzennamen

In diesem Kapitel möchte ich Ihnen gerne einige der Kräuter- und Gewürzpflanzen vorstellen, die ich häufig für meine Teemischungen oder die Herstellung von Gewürzsalz, Kräuteressig und Würzöl brauche.

Anis

Anis wird seit alters her als Tee oder als Gewürz in Backwaren und Likören verwendet. Das in den Früchten enthaltene Anisöl hilft bei Magenverstimmungen und erfrischt den Atem. Ich stoße die Anisfrüchte unmittelbar vor Gebrauch in einem Mörser leicht an, damit sich das ätherische Öl gut entfalten kann.

Anis gehört schon seit Jahrtausenden zu unseren Küchengewürzen.

Bärlauch

Der von mir heiß geliebte wilde Verwandte des Knoblauchs wächst in schattigen Auwäldern. Er kann jedoch auch an einer feuchten halbschattigen Stelle, zum Beispiel unter Büschen, im Garten kultiviert werden. In meiner Umgebung gibt es viele Bärlauchwälder, sodas ich auf einen Anbau im Garten verzichte.
Bereits Anfang März kann ich die ersten Blätter aus dem Wald holen und sie in Soßen, Suppen und Salaten genießen. Die Bärlauchblätter können bis zum Erscheinen der Blüten laufend frisch geerntet werden. Die Blüten eignen sich übrigens hervorragend als Salatdekoration.
Die Heilwirkung entspricht der des Knoblauchs, wobei ich auch eine stark blutdrucksenkende Wirkung feststellte.

Bohnenkraut

Auch hier haben wir es wieder mit zwei Vertretern aus dieser Familie zu tun. Das Bergbohnenkraut, auch Winterbohnenkraut genannt, ist ein ausdauernder Kleinstrauch, dem es besonders im Steingarten gefällt. Das einjährige Sommerbohnenkraut ist häufig in den Kräuter- und Gemüsebeeten zu finden und sät sich dort von selbst aus. Ich liebe den bohnigen, leicht pfeffrigen Geschmack dieses Krautes.
Seine verdauungsfördernde und blähungstreibende Wirkung kommt nicht nur bei Bohnengerichten gelegen, sondern auch bei so manchem anderen deftigen Rezept. Bohnenkraut ergänzt sich

104

**Das winterharte Berg-
bohnenkraut ist eines
meiner Lieblingskräuter.**

auch sehr gut mit Oregano, Basilikum,
Rosmarin und Thymian. Es kann frisch
oder getrocknet verwendet werden.

Dill

Die alte Heilpflanze Dill ist das klassische Würzkraut für Fisch und Gurken.
Ich liebe seinen frischen Duft und verwende Dill sehr gerne in der Küche für
Salate, helle Soßen, Kräuterbutter und
Würzessig. Leider ist der Anbau im Garten nicht ganz einfach, da die Pflanze sowohl Schatten (am Boden) als auch Helligkeit und Wärme braucht. Getrocknete
Dillsamen sind als Tee aufgebrüht bei
Blähungen oder Bauchschmerzen hilf-
reich und sie fördern den Schlaf.

**Dill galt früher als mächtiges Zauberkraut
gegen Tod und Teufel.**

105

Estragon

Dieses feine Würzkraut ist ein botanischer Verwandter von Wermut, Beifuß und Eberraute (*Artemisia*-Arten). Es stammt ursprünglich aus Süd- und Mittelasien. Für die Küche ist in erster Linie der so genannte Französische Estragon zu empfehlen. Dieser besitzt ein intensiv ausgeprägtes Aroma, das etwas an Anis erinnert, mit einer leichten Schärfe. Ich verwende ihn gerne wegen der milden, verdauungsfördernden und appetitanregenden Wirkung. Frische oder getrocknete Estragonblättchen passen, sparsam dosiert, gut zu Geflügel, Salaten, Suppen und Soßen. Und ein Estragonzweig würzt eingelegtes Sauergemüse oder aromatisiert Kräuteressig.

Der Russische Estragon ist winterhart, der Französische schmeckt jedoch besser.

Die Spaltfrüchte des Fenchels wirken verdauungsfördernd und blähungstreibend.

Fenchel

Wohl kaum ein Säugling wird ohne dieses wirkungsvolle Kraut großgezogen. Zunächst kommt uns seine krampflösende und blähungstreibende Wirkung zugute. Später bekommen wir dann die schleimlösenden Eigenschaften des Fenchels in einem Hustentee zu spüren. Für stillende Mütter schließlich wird der Fenchelsamen mit Anis und Kümmel zu dem klassischen Milchbildungstee gemischt. Die Hauptwirkstoffe befinden sich in den reifen Samen.

Kardamom

Kardamomkapseln gelangten über die alten Karawanenstraßen nach Europa. Sie werden seither auch hier bei uns als Gewürz für Kuchen und Backwaren und zur Verfeinerung von Tee und Kaffee verwendet. Im Orient und in Indien ist gemahlener Kardamom ein wichtiger Bestandteil von Currymischungen.

Für die Aromatisierung von Likör, Kaffee, Tee, Bowlen, fruchtigen Desserts und Würzölen eignen sich ausschließlich die grünen Kardamomkapseln, nur sie besitzen den unvergleichlich süßlichen Duft und das feine Aroma. Braune Kardamomkapseln schmecken bitter. Wenn ich Kardamom in der Küche verwende, stoße ich die Kapseln vorher im Mörser leicht an, damit das ätherische Öl freigesetzt wird. Kardamom, der zu den Ingwergewächsen gehört, wirkt verdauungsfördernd und gibt frisch zerkaut einen guten Atem.

Nur die grünen Kardamomkapseln besitzen das unvergleichliche Aroma, die braunen schmecken bitter.

Koriander

Koriander gehört zu den „Uraltkräutern" im Sinne von seit Jahrtausenden im Gebrauch. Die hübsche Pflanze mit ihren weißen, rosa oder rötlichen Doldenblüten ist außerdem eines der beliebtesten Küchenkräuter – und das weltweit. Interessant, aber weniger bekannt ist die Tatsache, dass vom Koriander einfach alles verwendet werden kann. Am bekanntesten sind wohl die reifen Samen, gefolgt vom grünen Kraut und nicht zuletzt die Wurzeln mit ihrem besonders intensiven Aroma. Dieses wird vor allem in thailändischen Currys und anderen südostasiatischen Gerichten verwendet. Da Koriandersamen keine großen Ansprüche an Erde und Standort stellen, ist es relativ einfach dieses Kraut selbst im Balkonkasten zu kultivieren. Das ist praktisch, denn Koriandergrün ist nicht immer zu bekommen und sollte auch erst unmittelbar vor dem Servieren zu den Speisen gegeben werden. Korianderkörner sollte man möglichst im Ganzen kaufen und dann zuhause mahlen. Das geht besonders gut, wenn Sie die Körner in der Pfanne ohne Fett kurz anrösten.

Koriander ist Bestandteil von vielen Gewürzmischungen für Brot, Kuchen, Fleisch, Gemüse etc. und ist auch wichtig in jeder Curryzubereitung.

Häufig ist Koriander in Würzmischungen für Wurst, Brot oder Fischgerichte enthalten. Er passt zudem gut zu deftigen Speisen wie Kraut oder Zwiebelkuchen und ist ideal geeignet für die Herstellung von Würzölen.

Kümmel

Reichlich ätherisches Öl, fettes Öl sowie Gerb- und Bitterstoffe machen Kümmel zu einem hervorragenden „Verdauer". Seine ätherischen Öle wirken krampflösend und in Verbindung mit den Bitterstoffen verdauungsfördernd. So manche deftige Speise, vor allem Kohl- und Zwiebelgerichte, werden durch die Zugabe von Kümmel jedoch einfach besser verdaulich und ein eisgekühlter Kümmelschnaps wirkt manchmal Wunder. Aber hier gilt es, die Dosierung einzuhalten. Einen Magen-Darm-Tee oder einen Milchbildungstee mit Kümmel, Anis und Fenchel (zu gleichen Teilen gemischt) werden Sie mit Sicherheit nicht überdosieren, so gut schmeckt dieser nämlich wirklich nicht.

Lavendel

Dieser „Urlaubsstrauch" aus südlichen Gefilden hat sich auch in unseren Gärten breit gemacht. Für den Kräutergärtner ist die Sortenvielfalt interessant. In einem Lavendelbeet können neben dem allzeit bekannten Lavendel auch Munstead-Lavendel, silbriger Zahnlavendel, Farnlavendel, Speik- und Schopflavendel für Abwechslung sorgen. Schon die alten Römer badeten (lateinisches Wort für waschen = lavare) in Lavendel, weil sie seine Heilkraft und seinen Duft schätzten. Lavendelblüten werden unmittelbar nach dem Öffnen geerntet und helfen als Tee gegen Stress und Kopfschmerzen. Und auch Lavendelessig ist seit Urzeiten in Gebrauch.

Lavendel sieht nicht nur hübsch aus, seine Blüten können wir auch als Gewürz verwenden.

Lorbeer

Die stark würzigen und leicht bitteren Lorbeerblätter werden nach meiner Erfahrung immer viel zu wenig eingesetzt, um mit ihren ätherischen Ölen, Gerb- und Bitterstoffen und ihrem spezifischen Geschmack Speisen zu veredeln. Der spezifische Würzgeschmack des Lorbeers passt ideal zu Suppen, Soßen und (Wild-)Ragouts. Lorbeerblätter werden normalerweise mitgekocht, sie können getrocknet oder frisch zugegeben werden. Getrocknete Blätter besitzen aber das intensivere Aroma, weshalb ich sie gerne beim Ansetzen von Kräuterölen verwende.

Als Kübelpflanze kann Lorbeer an einem hellen, kühlen, aber frostfreien Platz überwintert werden. Regelmäßig auf Schädlingsbefall kontrollieren!

Frische Lorbeerblätter besitzen ein sehr würziges Aroma, das sich beim Trocknen noch verstärkt.

Minzen

Die Pfefferminze ist reich an ätherischen Ölen, die vor allem Menthol und Menthon enthalten.

Pfefferminztee wird bei allen Irritationen des Magen-Darmbereichs, wie Übelkeit, Blähungen und Krämpfen, empfohlen.

Bei dem Anbau im Garten sollte man auf die rasante Ausweitung der Pflanzen durch Ausläufer achten und, wenn es notwendig ist, ordnend eingreifen. Dies gilt für alle Minzearten, und es gibt sehr viele davon, wie zum Beispiel Krauseminze, Ingwerminze, rote Minze, rundblättrige Minze (Ananasminze), grüne Minze (sehr intensiv!), Kölnisch-Wasser-Minze, Wasserminze, Poleiminze (giftig!), Rossminze (gibt Bauchweh!) und Apfelminze.

Rosen

In arabischen Ländern werden Speisen und Getränke traditionell mit Rosenöl und Rosenwasser aromatisiert. Für die Gewinnung des kostbaren Rosenöls baut man Zentifolien an, spezielle hundertblättrige Duftrosen. Doch auch unsere europäischen Apfel- oder Essigrosen (*Rosa gallica*) sind für so manche duftende Rosenspezialität zu gebrauchen. Rosenblüten werden immer am frühen Vormittag geerntet, da in der Mittagshitze wertvolle Inhaltsstoffe verloren gehen würden. Rosenblütentee wirkt kühlend und stoffwechselanregend, die Blüten geben einer Teemischung schon optisch eine besondere Note. Meinen ersten Rosenessig habe ich übrigens in Frankreich entdeckt. Weil ich damals auf den Geschmack gekommen war, produziere ich seither meinen eigenen Duftrosenessig.

Duftende Rosenblüten werden gepflückt, kurz bevor sie sich vollständig geöffnet haben.

Rosmarin

Ros-marinus = „Seetau" ist der Name für ein Kraut, das wegen seinen aromatischen duftenden, grünen Nadeln und den wunderschönen blauen Blüten, zu meinen Lieblingskräutern gehört. Die meisten kennen den Rosmarin in erster Linie, um deftige Fleisch-, Fisch- und Eintopfgerichte besser verdaulich zu machen. Rosmarinansätze in Essig und Öl sind praktisch, denn damit kann man fein dosiert würzen, ohne dass man riskiert, auf die zähen Nadeln zu beißen. Rosmarin gedeiht bei uns gut als Kübelpflanze, er ist jedoch nicht winterhart.

Rosmarinzweige gehören in jeden Würzstrauß. Entfernt man die Nadeln an den verholzten Zweigen, eignen sie sich als Schaschlikstäbchen.

Mit Salbeiblättern lassen sich Fleisch- und Fischgerichte würzen.

Salbei

Eine imposante Staude aus der Salbeifamilie ist der Muskateller-Salbei. Er erinnert nur durch seinen Blütenstand an diese Familienverhältnisse. Ansonsten wächst er zu einer stattlichen Größe von über einem Meter heran. Der Geruch wird als kräftig, warm und aromatisch, eben nach Muskateller beschrieben, und man hat sich früher nicht gescheut, mit dieser Pflanze so manchen flachen Rheinwein zu Muskatellergeschmack zu verhelfen. Heute wird in erster Linie das ätherische Öl für kosmetische und aromatherapeutische Zwecke gewonnen. Die Blätter ergeben eine gute Würze für Kräuteressige und Wildgerichte. Solch einer attraktiven Staude gebührt ein Ehrenplatz im Kräutergarten.

Die Wiesenschlüsselblume steht unter Naturschutz.

Schlüsselblume

Himmelsschlüssel gibt es für uns in zweifacher Ausführung. Erstens die Wiesenschlüsselblume = *Primula veris* und zweitens die Hohe Schlüsselblume = *Primula elatior*. Die erste wächst wie der Name schon sagt auf trockenen Wiesen und sonnigen Böschungen, die zweite bevorzugt eher das feuchte Element in Auwäldern und krautreichen Laubwäldern. Beide können jedoch ohne Probleme im Garten angesiedelt werden, wenn man ihre Vorlieben berücksichtigt. Das wäre sowieso sinnvoll, wenn Sie die Schlüsselblume als Hustentee gegen festsitzenden Husten in größeren Mengen brauchen. Denn sie ist in der freien Natur weitgehend geschützt.

Man kann sowohl die Blätter als auch die Wurzel verwenden. Die Blätter kommen in die Frühlingskräutersuppe und so mancher schwache Wein bekam erst mit Schlüsselblumenblüten die richtige „Blume".

Sternanis

Sternanis stammt ursprünglich aus China und wird dort seit über 3000 Jahren als Gewürz genutzt. Die „Sterne" sind eigentlich Sammelbalgfrüchte und wachsen an einem immergrünen, birkenähnlichen Baum, der bis zu zehn Meter hoch werden kann. Die Würzkraft sitzt allerdings nicht in den kugeligen Samen, sondern in der harten Fruchtschale und beruht auf dem ätherischen Öl Anethol, das auch bei unserem einheimischen Anis die Hauptrolle spielt. Sternanis wirkt allgemein anregend und verdauungsfördernd. Im Gegensatz zur chinesischen und vietnamesischen Küche, die häufig auf ihn zurückgreift, ist er bei uns lediglich als Backzutat, als Glühweingewürz oder für Einkochspezialitäten (Zwetschgenmus) in Gebrauch. Ich schätze den exotischen Sternanis als sehr dekorativen Aromaträger für verschiedene Kräuteröl-Rezepturen.

Sternanisfrüchte verströmen ein feines Anisaroma und sind sehr dekorativ.

Thymian

Bei diesem Kraut handelt es sich, wie so oft, sowohl um eine wichtige Heilpflanze, als auch um ein beliebtes Gewürz. Als Tee gehört er zu den wichtigsten natürlichen Desinfektionsmitteln für unseren Körper und das sowohl innerlich wie auch äußerlich. Gesüßter Thymiantee ist ein sehr wirksames krampflösendes Hustenmittel, und ungesüßt leistet er gute Dienste bei Magen- und Darmkrämpfen.

Durch Thymiantee kann nach meinen Erfahrungen auch eine Darmpilzerkrankung positiv beeinflusst werden. Thymianessenz ist in der Lage, Bazillen in ca. 40 Sekunden abzutöten, was ihn als natürliches Desinfektionsmittel auszeichnet. Regelmäßiger Genuss von Thymiantee in den Grippezeiten ist demnach eine hervorragende Möglichkeit der Vorbeugung auf natürlicher Basis.

Schwangere sollten jedoch mit Thymian vorsichtig umgehen.

Durchs Trocknen werden die bläulichen Wacholderbeeren später schwarz und schrumpelig.

Wacholder

Im Winter werden die immergrünen Zweige des Wacholders gerne in dekorativen Gestecken verarbeitet. Bei dem Versuch ein solches Werk herzustellen, werden Sie sich mit Sicherheit heftig gepiekst haben, denn die Nadeln dieses Strauches sind sehr wehrhaft. Die in Schnaps eingelegten Beeren wurden schon früher als Wacholdergeist äußerlich bei Muskelschmerzen und Neuralgien und innerlich bei Appetitmangel und Verdauungsbeschwerden ge-

Thymian ist ein kräftiges Küchengewürz und ein wirksames Heilkraut.

braucht. Da Wacholder in höheren Dosen und über längere Zeit angewandt zu Nierenschädigungen führen kann, ist er kein Allheilmittel und darf nur zeitweise verwendet werden.

Die Beeren eignen sich als Küchengewürz für deftige Speisen, wobei Sie in keinem Fall eine Überdosierung befürchten müssen, denn zuviel des Guten würde den guten Geschmack eines Gerichtes deutlich stören, außerdem werden sie in der Regel nicht mitverzehrt.

Weinraute

Im Vergleich zu unseren Müttern und Großmüttern, die stolz auf ihre bodenständige, aber kräuterarme Küche waren, sind wir heute doch aufgeschlossener, was die Speisen und Gewürze unserer Nachbarländer betrifft. Italien und seine Küche sind besonders beliebt, so dass Zucchini, Aubergine und vor allem Rukola inzwischen im wahrsten Sinne des Wortes in aller Munde sind. Ein Kraut von jenseits der Alpen ist aber immer noch relativ unbekannt. Es handelt sich dabei allerdings auch um eine der bittersten genießbaren Pflanzen, nämlich um die Weinraute. Nichts anderes bekommen wir in einem Grappa a la Renta als Aperitif serviert. Bereits im Mittelalter war die Weinraute als Heilpflanze ob ihrer Bitterkeit bekannt und auch die sehr stark beruhigende Wirkung aufgrund von Mohnalkaloiden machte man sich zu Nutze.

Das Laub der Weinraute diente schon im alten Rom als Gewürz.

Der „offizielle" Ysop blüht eigentlich blau, hier sehen Sie weitere Farbzüchtungen in Rosa und Weiß.

Ysop

Es ist noch nicht allzu lange her, da wurde ich fragend angeschaut, wenn ich von einem wunderschön blau blühenden Kraut namens Ysop sprach. Dieser ursprünglich aus Kleinasien stammende Halbstrauch war lediglich besonders bibelfesten Menschen als Name bekannt, aber niemand wusste so richtig, um was es sich bei dieser Pflanze handelte. Aber die Zeiten ändern sich, und so war es denn auch für mich überraschend dieses mir wohlbekannte Kraut erst kürzlich in einer öffentlichen Grünanlage in trauter Nachbarschaft zu Bodendeckerrosen zu entdecken. Kräuter sind also tatsächlich auch im Staudenbeet auf dem Vormarsch!

Zu Erntezwecken gehört Ysop allerdings ins Kräuterbeet und ergänzt sich dort wunderschön mit gelb blühenden Pflanzen, wie Ringelblumen, Johanniskraut oder Weinraute.

Obwohl der Ysop frisch stark aromatisch riecht und schmeckt, verliert er nach meiner Erfahrung diese Eigenschaften in getrocknetem Zustand sehr schnell.

Mit frischen Ysopblättern würze ich unter anderem meinen Sommerkräuteressig.

Es duftet herrlich nach Zitrone, wenn man Melissenblätter zwischen den Fingern zerreibt.

Zitronenmelisse

Die Zitronenmelisse, eine der meist geschätzten Heilkräuter in den Klostergärten des Mittelalters, nimmt bis auf den heutigen Tag einen wichtigen Platz in unserem Heilpflanzensortiment ein. Sie wirkt nach wie vor nervenberuhigend, krampflösend, aufheiternd und einschlaffördernd. Der Zitronenduft und -geschmack ihrer Blätter macht sie auch als Würzpflanze interessant.

Melissenblätter können frisch als Tee, Salatwürze oder als Kräuterbad verwendet werden. Sie passt jedoch ebenso zu Tomaten, Quark, Fruchtdesserts und Kräutersoßen. Ein Großteil der Melissenernte kann eingefroren werden, damit wir auch im Winter nicht auf die beruhigende Wirkung eines Melissentees verzichten müssen.

Zitrusfrüchte

Nach einer alten Sage hat Herkules goldene Äpfel aus dem Garten der Hesperiden (bei Gibraltar) entwendet. Man vermutet, dass es sich hierbei um Orangen oder Zitronen gehandelt hat. Wenn Herkules heute wieder „mopsen" wollte, würde ihm die Auswahl sicherlich etwas schwerer fallen. Durch gärtnerischen Fleiß, was die Varianten von Zitrusfrüchten betrifft, müsste er sich unter anderm zwischen kleinen Kumquats, Satsumas, Clementinen, Mineolas, Limetten oder Pampelmusen entscheiden. Außerdem wäre da noch die Frage ob mit oder ohne Kern zu klären. Letztendlich wäre es aber egal, denn all diese

Orangen sind bei uns inzwischen das ganze Jahr hindurch erhältlich.

Früchte lassen sich hervorragend in der Küche zu so manch schmackhaften Rezepten verarbeiten. A propos Kerne: die Frage stellt sich tatsächlich, denn diese Samen enthalten das meiste Pektin, das heißt sie können in ein Säckchen gebunden und mitgekocht das Gelieren fördern.

Trotz aller Vielfalt wird sich die Verwendung hauptsächlich auf Zitronen und Orangen beschränken, da sie das ganze Jahr über erhältlich sind. In früheren Zeiten war dies nicht möglich. Nur adlige oder sehr wohlhabende Menschen konnten sich Zitrusfrüchte, hauptsächlich aus besonderen Gewächshäusern, den so genannten Orangerien, leisten.

Liköre und Schnäpse von der Kräuterhexe

Kräuterweine,

Edelstein-Elixiere und

andere Köstlichkeiten

CATECHU

Wissenswertes über Alkohol

Alkohol – ein besonderer Stoff

Gedankensprünge

Das Wort „Alkohol" löst bei den Menschen ganz unterschiedliche Reaktionen aus. Die meisten denken wohl an angenehme Situationen und Festlichkeiten, die mit eben diesem Stoff noch fröhlicher werden. Eine ganze Industrie freut sich über die Umsatzzahlen, die mit diesem Ansehen alkoholischer Getränke erzielt werden können. Für viele bedeutet Alkohol Lebensinhalt schlechthin, selbst wenn das Leben als solches dann häufig nicht lange dauert. In der Wissenschaft wird der Alkohol als exzellentes Lösungsmittel geschätzt, und das auch für so manche menschliche Zunge. In den verschiedenen Religionen wird der „Geist" zu Zeremonien gebraucht. Arzneifirmen und Apotheken benötigen Alkohol für die Herstellung von Tinkturen und Extrakten. Viele Menschen sind jedoch erklärte Alkoholgegner und lehnen ihn generell ab. Und Kräuterhexen brauchen ihn für ihre geheimen Heiltränke und Elixiere.

Früher gab es Alkohol nur in der Apotheke oder beim Arzt.

So blubbert es nach Kräuterhexenart.

Die „Wurzeln" des Alkohols

Wie Sie sehen, ist der Alkohol wohl ein ganz besonderer Stoff und daher Grund genug, dass ich mich mit ihm in diesem Buch etwas näher beschäftigen möchte. Wann der Alkohol von selbst entstand, weiß man nicht so genau. Eigentlich wird er direkt dem lieben Gott zugeschrieben, denn er hat ja schließlich das Paradies mit Früchten, Tieren und Menschen geschaffen. Nachdem diese Wesen die Welt bevölkert hatten, mussten sie sich schließlich ernähren und so mancher übrig gebliebene Speiserest gärte vor sich hin und verwandelte sich auf wunderbare Weise zu Wein. Besonders Breie und Suppen aus gekochtem Getreide wie Hirse und Mais.

Hier ist die Schnapsdrossel eine Amsel.

Auch die Tiere kennen bis auf den heutigen Tag ihre „Zapfstellen" für Alkohol, um sich zu berauschen. In so manchem Tierfilm wurden Affen und andere Tiere in volltrunkenem Zustand gezeigt, nachdem sie gezielt vergorenes Fallobst gefressen hatten. Vielleicht kommt auch daher der Ausdruck „Schnapsdrossel", denn so mancher Vogel frisst sich gerne einen Rausch an.

Den Begriff Alkohol hat übrigens kein geringerer als Paracelsus (1493–1541) geprägt, denn er zog die Silben „al-co-hue" einfach zusammen und nuschelte auf Grund des Genusses vielleicht etwas dabei.

Nun möchten Sie bestimmt gerne wissen wie er überhaupt auf diese Silbenfolge kam. Nun, Herr Paracelsus war ein gelehrter Mann und zum Teil der arabischen Sprache mächtig. Das arabische „al-co-hue" bedeutet „fein gemahlenes Glanzpulver für Augenschminke". Um den Zusammenhang zu begreifen, muss man wissen, dass die alten Ägypter Alkohol als Lösungsmittel oder als Trägersubstanz für Verreibungen verwendeten. Und aus eben solchen Verreibungen bestand das schicke Augen-

Make-up von Tutanchamun, Nofretete und Co. Nun wissen wir auch, dass Alkohol den Ägyptern bereits 4000 Jahre vor Christus bekannt war.

Die alkoholische Gärung

Doch zurück zum Alkohol der Gegenwart. Neben einer synthetischen Herstellung aus Äthin (Acetylen), daraus entsteht übrigens der so genannte Carbidsprit, wird Äthanol immer noch durch Gärung gewonnen. Dabei werden Kohlenhydrate, zum Beispiel Zucker und Stärke, durch Anaerobe, das heißt ohne Sauerstoff lebende niedrige Organismen, chemisch verändert. Das Vergären von bestimmten Zuckern mit Hefepilzen wird als alkoholische Gärung

Zu jeder Jahreszeit aktuell sind die zwei Worte: ein Bier.

bezeichnet. Dazu braucht man ein Enzymgemisch aus Hefe, die Zymase, die Zucker in Äthanol und Kohlendioxid spaltet. Die chemische Formel für Äthanol lautet: C_2H_5OH.

Heiltränke auf alkoholischer Basis

Alkohol wird seit ewigen Zeiten und auf allen Kontinenten benutzt. Besonders die alkoholischen Arzneimittel standen und stehen weltweit ganz oben auf der Anwendungshitliste. Die Rezepturen gehen auf uraltes Wissen zurück und haben nicht selten jahrhundertealte Ursprünge. Die asiatische, afrikanische, amerikanische und europäische Volksmedizin wäre ohne Heiltränke auf alkoholischer Basis nicht denkbar.

Ein wesentlicher Grund für diese Zubereitungsart liegt darin, dass viele wertvolle Pflanzenwirkstoffe in Wasser schwer oder gar nicht löslich sind. Dafür aber in Alkohol. Da Alkohol in flüssiger Form aber immer etwas Wasser enthält, werden auch die wasserlöslichen Inhaltsstoffe gelöst und ergeben daher einen hochwirksamen Heilpflanzenauszug. Auch Mineralien, wie zum Beispiel Edelsteine, können im Alkohol angesetzt und als Heilmittel verwendet werden.

Die gesundheitsfördernde Wirkung des Alkohols ist durch klinische Untersuchungen belegt. Man hat entdeckt, dass kleine Alkoholmengen in der Lage sind, Arteriosklerose vorzubeugen, indem verhindert wird, dass sich Cholesterin an den Gefäßwänden anlagert. Außerdem wird das Immunsystem gestärkt.

Obwohl Alkohol nicht gerade zu den kalorienarmen Getränken gehört, hat er den Vorteil, dass sich diese Kalorien nicht in Fett verwandeln, sondern für ihre Verbrennung sogar körpereigenes Fett benötigen und daher an den Reserven zehren.

Verträgliche Alkoholmenge

Soweit die positive Seite des Alkohols. Mindestens genauso wichtig wenn nicht sogar noch wichtiger ist die negative Seite dieses Urgetränks. Alkohol ist in der Tat schädlich, weil er häufig in viel zu großen Mengen getrunken wird. Gerade bei alkoholischen Zubereitungen bestimmt wie so oft die Menge über Nutzen oder Schaden. So nützlich er in manchen Lebenssituationen auch sein kann, so schädlich ja sogar tödlich kann seine Auswirkung bei zu hohem Konsum für den Menschen sein.

Hohe Dosen von Alkohol schwächen zum Beispiel das Immunsystem, behindern die Atmung, schädigen das Herz, das Nervensystem und das Gehirn.

Angesichts dieser Tatsache wird man sich nun fragen, wo denn nun die Grenze zwischen Gut und Böse verläuft. Um es vorweg zu sagen: Es gibt keine exakte Grenze! Jeder Mensch ist anders und befindet sich in den unterschiedlichsten Situationen. Auf der wissenschaftlichen Suche nach den erlaubten Mengen, hat man festgestellt, dass Männer schon auf Grund ihres Körperbaues mehr Alkohol vertragen als Frauen. Ich habe allerdings die Beobachtung gemacht, dass viele Männer diese Tatsache oft

Unkrautbowle: Auf diese Art schmeckt Unkraut hervorragend.

überschätzen und meinen, für sie gäbe es überhaupt keine Höchstmenge.

Des Weiteren spielt die Bevölkerungsgruppe, der man angehört, eine Rolle. Asiaten, Araber und Indianer vertragen wesentlich weniger Alkohol als Europäer. Sie sind eben anders gebaut.

Aber auch die persönliche Lebensführung kann sich auf die verträgliche Alkoholmenge auswirken. Viel körperliche Bewegung, eine gute Stimmungslage und ausreichend Schlaf lassen das Gläschen in Ehren besser vertragen, als Bewegungsarmut, depressive Stimmungen, Müdigkeit und Erschöpfung. Dass schwangere Frauen auf Alkohol weitgehend verzichten sollten, brauche ich wohl nicht extra zu betonen.

Ein Gläschen Wein, Sekt oder Bier kann in geselliger Runde durchaus entspannend wirken und Stress abbauen, wenn es dabei bleibt.

Alkohol und Heiltränke – Geschichte

Von Ägyptern und Destillateuren

Ich habe ja bereits erwähnt, dass der Ursprung des Alkohols im Dunkel der Menschheitsgeschichte liegt. Es gibt nichtsdestoweniger Anhaltspunkte dafür, dass 3000 vor Christus die Ägypter bereits 28 Weinsorten kannten. Sie brauten um diese Zeit eine „flüssige Nahrung" in Form von Bier aus Weizen, Hirse, Datteln, Stutenmilch, Pilzen, Hanfblättern und Honig. 1800 vor

Hier sieht es auch ein bisschen nach Hexenküche aus.

In diesem ehrwürdigen Kloster in Maulbronn finden Sie die Kräuterhexe.

Christus waren dann die ersten Destillateure am Werk und stellten monatlich mehrere hundert Liter Destillate her. Als Grundstoffe dienten Holzspäne, Kräuter, Zypressenholz und Myrtenäste. Es handelte sich hierbei jedoch nicht um Alkohol, sondern um ätherische Öle, die auf diese Art gewonnen wurden. Erst die Araber kamen auf die Idee, mit diesem Verfahren auch Trauben- und Palmweine zu behandeln, und gewannen so den ersten Schnaps. Die erste „Schnapsstunde" schlug im 9. Jahrhundert, allerdings verwendete man ihn nur äußerlich als Lösungsmittel.

Der gebrannte Trinkalkohol dürfte um 1050 im arabisch geprägten Süditalien zum ersten Mal ausgeschenkt worden sein. Man verwendete ihn aber fast ausschließlich zu Heilzwecken und nur Ärzte und Apotheker durften ihn herstellen.

Sortimentserweiterung mittels Schwarzbrennerei

Erst ab dem 13. Jahrhundert wurde der Branntwein in Europa zum Genussmittel. Und damit begann der bis auf den heutigen Tag anhaltende Kampf gegen den Alkohol als Suchtmittel. Sehr früh schon wurden Verordnungen der Obrigkeit über den Gebrauch von Branntwein unters Volk gebracht. Dazu gehörte das Verbot, den Wein mit Branntwein zu versetzen. Aber wie das mit Verboten so ist, animierten sie erst recht zum Schwarzbrennen, und die Branntweinsteuer, die offensichtlich als wichtiger angesehen wurde als die Volksgesundheit, lässt diesen Volkssport auch heute noch fröhliche „Urständ" feiern.

Das Positive an der zweifelhaften Entwicklung liegt allerdings darin, dass sich besonders in ländlichen Gebieten das Sortiment der „Gesundheitswässer" erheblich erweiterte. Zum Beispiel hat jedes Bergtal der Alpen, der Rhön, des Odenwaldes, des Schwarzwaldes und der Vogesen seine besondere Spezialitäten, die heute jedoch durchaus legal gebrannt und vermarktet werden. Man sah und sieht in den Edelbränden jedoch in erster Linie das Gesundheitsmittel, das verdauungsfördernd und Immunkräfte stärkend wirkt.

So mancher Landsknecht stärkte sich nach der Schlacht mit Wein.

Klösterliche Heilkräuterelixiere

Viele hervorragende Rezepte für „Pflanzengeister" wurden in den Experimentierstuben der Klöster entwickelt. Hier wurde schon seit dem Mittelalter so manch heilbringendes Elixier gebraut, um es an den Kranken, die dort gepflegt wurden, auszuprobieren. Man verfügte über medizinisches Fachwissen, die Kenntnis vieler Heilpflanzen, die alchemistischen Kenntnisse im Brauen und Destillieren und vor allem über alle Zeit der Welt, um solch schmackhafte Klosterspezialitäten zu entwickeln.

Wenn ich heute mit viel Arbeit und Ter-

Der Rote Fingerhut gehört zu den giftigen Hexenkräutern.

Gute Kräuterhexen verwenden auch nur gute Geister.

minen im Hinterkopf in meinem Kräuterhexenlabor stehe und neue Ansätze ausprobiere, wünsche ich mir manchmal, ich wäre im Kloster. Aber wirklich nur manchmal! Denn man hatte es auch in den Klöstern nicht immer leicht mit der Alkoholproduktion. Unter der Landbevölkerung griff die Trunksucht um sich und so mancher Klosterbruder war nur stark im Geiste und das in zweifacher Hinsicht. Daher vermied man die Worte Schnaps oder Alkohol und sprach lieber von „Lebenswasser" oder „Feuerwasser". Wobei es sich hierbei nicht um den brennenden Geschmack, als viel mehr um die spirituelle „Vermählung" der Elemente Feuer und Wasser handelte. Nach Paracelsus war das männliche Element dieser Hochzeit das Feuer und das weibliche Element das Wasser, denn

126

es gehören ja immer zwei Partner dazu. Desgleichen sahen die alten chinesischen Schnapsbrennerärzte im Alkohol die Elemente Ying und Yang vereinigt, besonders wenn sie mit Heilkräutern versetzt waren.

Gerade die Zugabe von Heilkräutern macht aus so manchem Branntwein einen „heilenden Geist", indem er die Heilkräfte der Natur für den Menschen bereit hält. Medizinmänner, Schamanen, Hirten, Bergbauern, ja selbst Könige, Kurfürsten, chinesische Ärzte und eben Kräuterhexen haben über viele Jahrhunderte einen großen Wissensschatz über heilende Kräfte aus der Natur in Form pflanzlicher Mittel zusammengetragen, um der Menschheit in erster Linie zu helfen. Selbst Giftpflanzen helfen, wenn sie richtig dosiert eingesetzt werden.

So manche klösterliche Heilschnapsrezeptur wurde jedoch streng gehütet, weil man damit die Überlegenheit über die Laiengemeinde sehr gut aufrecht erhalten konnte. Soweit zur Menschenfreundlichkeit der Kirche.

„Mutter Anna" hatte damit kein Problem. Sie war eine äußerst experimentierfreudige und eindrucksvolle Frau. Als sie 1585 starb, hinterließ sie nicht weniger als 181 Kräuterschnaps- und Aquavit-Rezepturen, die an allen Höfen Europas zu jener Zeit getestet worden waren. Mutter Anna korrespondierte mit Klöstern, Förstern, Bauern, Gärtnern und Alchemisten.

Nun werden Sie sich sicher fragen, wer sich wohl hinter dieser weltoffenen und klugen Frau verbirgt, denn eine einfa-

Auch die Indianer kannten bereits die Heilwirkung von Spitzwegerich.

che Bauersfrau kann sie ja wohl nicht gewesen sein. Das stimmt auch, denn hinter dem Titel „Mutter Anna" verbirgt sich keine geringere als die Kurfürstin Anna von Sachsen, die als Tochter des Dänenkönigs Christian des Dritten sowohl den landesüblichen Aquavit kannte und darüber hinaus noch über ein reges Interesse an der Medizin verfügte.

Wer sich heutzutage an das Experimentieren mit Alkohol und Heilkräutern heranwagt, kann auf eine ganze Menge bewährter Rezepturen zurückgreifen. Diese befinden sich nur noch zum Teil in den wohl behüteten Schränken hinter Klostermauern. Viele können in Koch- und Rezeptbüchern nachgelesen werden. Auch das vorliegende Buch ist als Anleitungswerk für eigene Alkoholexperimente gedacht. Aus diesem Grund möchte ich nun zunächst auf die einzelnen Alkoholarten eingehen.

Die einzelnen Alkoholarten

Schnaps

Schnaps ist die wohl gebräuchlichste Grundsubstanz für den Ansatz von Heilkräutertränken. Aber Schnaps ist nicht gleich Schnaps. Denn unter dem Sammelbegriff „Schnaps" verbergen sich viele verschiedene Edelbrände mit den unterschiedlichsten Aromen. Ich betone das Wort Edelbrände, denn so manches gesundheitsschädliche Fuselprodukt beansprucht ebenfalls den Namen Schnaps. Von solchen Produkten der Billigregale möchte ich mich jedoch ausdrücklich distanzieren.

Schnaps kann aus Stein- und Kernobst, aus Getreidesorten, Kartoffeln, Kräutern und ganz exotisch auch aus Kakteen und Agaven gebrannt werden. Je nachdem wie sehr der Eigengeschmack dieser Form von Alkohol im Vordergrund steht, ist nicht jeder dazu geeignet, als Ansatzgrundlage für einen Kräuterschnaps zu dienen. Obstbrände von Zwetschgen, Kirschen und Mirabellen gehören daher zu den weniger geeigneten Schnäpsen. Obstler aus Äpfeln und/oder Birnen verhalten sich wesentlich neutraler in Verbindung mit Kräutern.

Ein ebenfalls neutraler Schnaps wäre Korn oder Doppelkorn. Diese Spezialität wird aus Getreide gebrannt und eignet sich zum Beispiel für Ansätze mit Samen, Rinden, Wurzelstöcken oder Wurzeln an sich. Man geht hier etwas vom Gleichheitsprinzip aus. An dieser Stelle möchte ich darauf hinweisen, dass der Alkoholgehalt eine wesentliche Rolle bei den Pflanzenauszügen spielt. Je höher der Alkoholgehalt, desto effektiver findet der Auszug der eingelegten Pflanzen statt. Diese Tatsache sollten wir berücksichtigen und für Heilschnäpse aus Kornbranntwein immer den höher prozentigen Doppelkorn verwenden. Auch Wodka gehört in der heutigen Zeit zu den Kornschnäpsen, da er nicht mehr, oder nur noch sehr selten wie früher, aus Kartoffeln gebrannt wird. Wodka ist, was die Geschmacksneutralität betrifft, ebenfalls für den Heilkräuteransatz zu empfehlen.

In diesem Zusammenhang stellen Sie sich vielleicht die Frage, warum man

Dieser Anblick erfreut nicht nur den Schnapsbrenner.

Rechts: So stimmungsvoll kann die Apfelernte im Herbst sein.

Sind das nicht leckere Grundstoffe für einen katholischen Schnaps?

nicht gleich reinen Alkohol, das heißt Äthanol aus der Apotheke, verwenden sollte. Nun, das ist grundsätzlich möglich, aber auch sehr teuer. Für Ansätze mit sehr saftigen Früchten, wie zum Beispiel Erdbeeren, Himbeeren, Brombeeren und Zwetschen wird man wohl oder übel in den „sauren Apfel beißen" müssen, um nicht nur ein lasch schmeckendes Resultat zu erzielen. Der Saft dieser Früchte verdünnt den ganzen Ansatz beträchtlich. Aber selbst in diesem Fall benutze ich 70-prozentigen Alkohol, um ein sinnvolles und schmackhaftes Ergebnis zu erzielen. Lediglich bei der Herstellung von Tinkturen ist es notwendig und wichtig, höher prozentigen Alkohol zu verwenden. Diese gelten aber als pharmazeutische Spezialitäten bzw. Arzneimittel und werden daher auch nur tropfenweise angewendet.
Es könnte jedoch sein, dass Sie schon einmal mit 70-prozentigem Alkohol experimentiert haben und eine solche Konzentration für den Ansatz eines Heiltrankes verwendet haben, um ihn anschließend auf zum Beispiel 40 Prozent mit Wasser verdünnen zu können. Dabei werden Sie sich anschließend

sehr über eine Trübung der Flüssigkeit geärgert haben. Diese ist jedoch so zu erklären, dass eine 70-prozentige Flüssigkeit genauso viele Wirkstoffe löst wie es der Sättigung des in ihr enthaltenen Alkohols und des Wassers entspricht. Wenn ich nun solch einen Ansatz mit Wasser weiter verdünne, fällt ein Teil der mittels Alkohol löslichen Substanzen wieder in Gestalt einer feinen Trübung aus. Diese Reaktion, die mir übrigens bei meiner pharmazeutischen Tätigkeit als Analysenmethode sehr entgegen kam, können wir dadurch verhindern, dass wir bereits den Heilpflanzenansatz mit jenem Alkohol herstellen, der einer späteren Trinkstärke von 38–40 Prozent entspricht.
In meiner badischen Heimat gibt es übrigens zwei besondere Arten von Schnaps, nämlich den katholischen und den evangelischen Schnaps. Sie hören dies sicherlich zum ersten Mal, und aus diesem Grund möchte ich Ihnen den Zusammenhang etwas näherbringen.

Das Land der Badener besteht aus einem nördlichen und einem südlichen Teil, denn es erstreckt sich parallel entlang des Rheines. Der nördliche Teil war historisch bedingt schon immer evangelisch und der südliche eher katholisch bevölkert. In den nördlichen Gefilden wuchsen und wachsen bis auf den heutigen Tag überwiegend Apfel- und Birnbäume, was zur Folge hatte, dass der daraus gebrannte Schnaps eben als evangelischer Schnaps bezeichnet wurde.

Das Gleiche passierte in den südlichen Landesteilen, in denen überwiegend Zwetschen, Kirschen und Mirabellen gebrannt wurden und das Ergebnis somit als katholischer Schnaps eingeschenkt wurde. Für Ketzer gab es da noch den Topinambur, eine südbadische Spezialität, die aus den Knollen einer Sonnenblumen-Art gebrannt wurde und wird. Für meine ganz besonderen Kräuterhexentränke verwende ich daher gerne Topinambur. Zum größten Teil

Die „evangelischen" Früchte stehen in nichts nach.

verarbeite ich jedoch evangelischen Schnaps, und das, obwohl ich katholisch bin!

Rum

Man könnte Rum auch als Alkohol der Neuen Welt bezeichnen, denn vor der Entdeckung Amerikas war dieser Zuckerrohrschnaps bei uns unbekannt. Das Brennen kannte man dort vermutlich schon vor Columbus, denn die Medizinmänner Mittel- und Südamerikas verwendeten dieses Lösungsmittel gerne für ihre Heil- und Zaubertränke.

Nun muss ich sagen, dass ich als europäische Kräuterhexe mit diesem „Stoff" einige Probleme habe. Bedingt durch seinen ihm eigenen spezifischen Geruch und Geschmack eignet sich Rum eher als Bestandteil für Mixgetränke denn als Basis für einen Heiltrank mit europäischen Kräutern. Da ich sowieso kein Freund von eben jenen Krea-

Hier sehen Sie verarbeitete Früchte in flüssiger und hochprozentiger Form. Katholischer Schnaps (links), evangelischer Schnaps (rechts)

131

tionen der Cocktailbars dieser Welt bin, beschränke ich mich eher auf das Backen mit Rum als Aroma. Ein klassisches Rumrezept ist aber nach wie vor der so genannte Rumtopf, der besonders in ländlichen Gebieten mit einem großen Angebot an einwandfreien, frischen und aromatischen Früchten gerne angesetzt wird. Diese Spezialität ist sehr süß und wird daher meist in Verbindung zu Desserts, wie zum Beispiel Eis, Sahne oder Waffeln, gereicht, wobei sowohl die Flüssigkeit als auch die Früchte

Leider hat die Zuckerrohrernte nichts mit Urlaub zu tun – aber der Rumgenuss.

Verwendung finden. Trotz dieser „Verdünnung" sollte man den Alkoholgehalt nicht unterschätzen, sonst kann es durchaus passieren, dass sich die Folgen unangenehm bemerkbar machen.

Rum wird genauso gerne in Verbindung mit Tee oder Kaffee eingenommen, um diesen wässrigen Auszügen, etwas mehr Geist zu geben. Das Alibi des wärmenden Gesundheitstrankes gilt aber auch hier nur in Maßen.

Der Alkohol aus der Neuen Welt eignet sich für Ansätze mit ebenso fremdartigen Gewächsen. Vanille, Zimt, Orangen, Gewürznelken, Kardamom, Sternanis und Ingwerwurzel wären als Rumeinlage geeignet. Solch ein exotischer Likör sollte daher mit Rohrzucker gesüßt werden. Er ist allerdings weniger ein Heiltrank, sondern eher ein Genussmittel.

Gin

Gin ist der schnellste Schnaps überhaupt. Man kann ihn schon eine halbe Stunde nach seiner Herstellung trinken, da er nicht reifen muss. Die Wiege des Gins stand in einem holländischen Chemielabor und er war eigentlich als Medizin gedacht. Um diese Medizin etwas angenehmer zu gestalten, wurde der Getreidebrand mit Wacholderbeeren aromatisiert. Von eben diesen Wacholderbeeren bekam diese Spezialität den Namen „Genever", das französische Wort für Wacholder lautet („genièvre"). Nachdem Wilhelm von Oranien diesen Gesundheitstrank im 17. Jahrhundert nach England einführte, wurde daraus

Wacholderansatz

Heute kommen weder die Barkeeper und noch so manche hoch gestellte Person des englischen Königshauses mehr ohne diesen ehemaligen Getreideschnaps mit Wacholderaroma aus. Die Basis des „Dry Gin" besteht heutzutage jedoch meistens aus reinem Alkohol, der sowohl geruchs- als auch geschmacklos ist und lediglich durch den Geschmack der Wacholderbeeren aromatisiert wird.

Solch einen Dry Gin verwende ich als alkoholische Grundlage für alle Ansatzschnäpse, die neben einem neutralen Grundaroma zugleich etwas Wacholder vertragen können. Solche Heiltränke wirken dann in erster Linie verdauungsfördernd und können mit Edelsteinen und ätherischen Ölen noch veredelt werden. Ein klassisches Beispiel für einen reinen Ginansatz wäre der Schlehengeist oder das Holunderelixier. Gin kann man übrigens auch durch Wodka ersetzen und umgekehrt.

schlicht und ergreifend Gin. Damit begann der Siegeszug dieses alkoholischen Getränkes aus den Apotheken heraus und in die Häuser des englischen Volkes.

Während des Wirtschaftskrieges gegen Frankreich erlaubte seine Königliche Hoheit jedem Engländer die Einrichtung einer Gindestillation, wenn er diese nur anmelden würde. Das Ergebnis dieser Großzügigkeit war ein Anstieg der Ginproduktion in England von jährlich zwei Millionen Liter auf 76 Millionen Liter innerhalb eines Zeitraumes von 40 Jahren. Die Slums waren übersät von herumliegenden betrunkenen Ginsäufern, und die englischste aller Spirituosen bekam einen sehr schlechten Ruf.

„But the times they are a changing" und so verhielt es sich auch mit dem Gin.

Manchmal genießen auch Kräuterhexen ein Gläschen.

Wein

Wein ist das natürlichste Produkt der
Welt. Wein kann aus Früchten, Korn,
Blütenblättern und anderen Substanzen
gewonnen werden. Ich möchte mich jedoch auf den Wein aus Weintrauben beschränken. Aber selbst diese Einschrän-
kung macht es mir äußerst schwer, das
Thema Wein kurz und bündig abzufas-
sen. Unzählige Bücher sind gefüllt mit
allen möglichen Ausführungen über
diesen Uralkohol, seine Anbauländer,
die Böden auf denen er reift und die vielen Geschmacksrichtungen, die sich daraus ergeben. Diese unterschiedlichen
Geschmacksrichtungen füllen wiederum andere Bücher, die sich damit befassen, welcher Wein zu welchem Anlass
und zu welchen Speisen passt.
Aber egal wie der Wein auch schmeckt,
er entsteht immer auf die gleiche Wei-

**Blaue Weintrauben reifen für einen
guten Rotwein.**

**So manche Traube findet ihren Weg
bereits direkt vom Stock in den Magen.**

se, indem unzählige über den Weinbergen schwebende Hefepilze sich auf den
Trauben niederlassen und mit dem
Traubenzucker im Saft der reifen Wein-
beeren Alkohol entstehen lassen.
Die Rebstock-Art *Vitis vinifera* und ihre
unzähligen Veredelungen umschließen
zwei breite Gürtel, die sich rings um die
Erde ziehen. Ein Gürtel verläuft südlich
und einer nördlich des Äquators. Zu
diesem nördlichen Weingürtel gehört
übrigens Sternenfels neben Deutschland generell, desgleichen Frankreich,
Italien, Griechenland, die USA, Algeri-
en. Südlich des Äquators liegen die
Weinbaugebiete von Südafrika, Austra-
lien, Chile und Argentinien.
Die Herstellung des ersten Traubenwei-
nes liegt zirka 10 000 Jahre zurück,

aber das französische Sprichwort: „Ein Mahl ohne Wein ist wie ein Tag ohne Sonne" gilt bis auf den heutigen Tag in vielen Ländern dieser Welt.

Die Klöster verfügten nicht selten auch über eine ganze Reihe von Weinbergen, so dass der Weinbau sowie das Bierbrauen neben dem Beten zu den wichtigsten klösterlichen Tätigkeiten gehörte. Was lag also näher, diesen Klosterwein mit Kräutern zu versetzen und daraus so manchen Heiltrank zu kreieren. Die Tradition der Kräuterweine kann in so mancher Rezeptur von Hildegard von Bingen nachvollzogen werden.

Wie ich bereits bei den Ausführungen zum Thema Rum beschrieben habe, kommen für die Ansätze von Heilkräuterweinen nur trockene und gut durchgegorene Weine in Frage.

Bei lieblichen Weinen mit einem hohen Zuckergehalt müssen eher gesundheits- schädliche Auswirkungen befürchtet werden. Außerdem sollte ein solcher Basiswein, ähnlich wie bei den Schnäpsen, kein ausgeprägtes Eigenaroma besitzen, da dies als störend in der Verbindung mit Kräutern empfunden werden würde. Heilkräuter können im Wein kalt angesetzt oder gekocht werden. Bei der Zubereitung von Heiltränken auf Weinbasis muss besonders gründlich filtriert werden, da der kleinste Rückstand unter Umständen als Trübung ausfällt. Die Haltbarkeit eines Kräuterweines ist im Vergleich zu Schnäpsen oder Likören wesentlich geringer. Daher sollte der Inhalt nach dem Anbruch einer Flasche rasch aufgebraucht werden.

Solch ein gut gefülltes Flaschenlager darf nie leer werden.

Cognac

Mit dem Traubenbrandwein, der sich unter dem Titel Cognac im Handel befindet, hat es so seine Besonderheiten auf sich. Seit 1909 ist der Name Cognac gesetzlich dem Weinbrand vorbehalten, der aus einem fest umgrenzten Gebiet in Frankreich, nämlich der „Charente", stammt. Dieser Distrikt des Cognac ist wiederum in sieben Zonen gegliedert, die nach der Qualität ihrer Weine eingeteilt wurden. Ich möchte sie hier allerdings nicht einzeln aufzählen, da dies den Rahmen dieses Buches sprengen würde. Es ist lediglich wichtig zu wissen, dass Cognac eben nicht gleich Cognac ist. Wenn Sie auf einer Cognacflasche die Begriffe „Grande Champagne" und „Petit Champagne" entdecken, können Sie davon ausgehen, ein Spitzenprodukt in Händen zu halten. In diesen beiden Zonen wächst auf Grund des Kalkgehaltes des Bodens der beste Weißwein für die Herstellung eines solch edlen Weinbrandes. Außerdem sollte man wissen, dass es sich bei einem Cognac immer um eine Mischung verschiedener Brände handelt. Aus diesem Grund gibt es auch keine besonderen Cognac-Jahrgänge, sondern das Gemisch wird immer nach dem Geschmack der Abfüller aus verschiedenen Jahrgängen zusammengestellt. Diese fertige Mischung wird noch einmal für einige Monate in Holzfässern gelagert. Sicherlich haben Sie schon einmal die sehr verheißungsvollen Buchstaben V.O.P. oder V.S.O. oder gar V.V.S.O.P. auf solch einer Cognac-

flasche entdeckt. Nun, das hat jetzt mit Französisch überhaupt nichts zu tun, sondern bedeutet auf Englisch: V. (= very), O. (= old), P. (= pale bzw. product), S. (= superior), X. (= extra). Nach diesem Blick hinter die Kulissen wissen Sie jetzt also, dass es sich bei einem V.O.P.-Cognac um einen sehr alten hellen Cognac handelt. V.S.O. ist ein sehr alter und ausgezeichneter Cognac der auch noch ein P. mit sich führen kann, sofern er hell oder noch älter ist. Man geht hier von einer Fasslagerung von 12–17 Jahren beziehungsweise 18–25 Jahren aus. Wenn Sie jedoch einmal einen Cognac mit den Buchstaben V.V.S.O.P. überreicht bekommen, sollten Sie sich in Ihre „Sonntagskleider" begeben, sich in Ihrem Lieblingssessel zurücklehnen und bei Kerzenlicht und angenehmer Background-Musik ihren 40-jährigen Cognac andächtig genießen.

Der richtige Rahmen für einen wertvollen Trank

Es muss nicht immer der Besen sein ...

Nachdem Sie nun über die Besonderheiten des echten Cognacs Bescheid wissen, ist es nachvollziehbar, dass ein so edles Tröpfchen nicht für die Herstellung von Heiltränken und Likören in Frage kommt. Das ist jedoch nicht weiter schlimm, denn es gibt noch jede Menge anderer Destillen, die Weinbrände in beachtlicher Qualität herstellen. Bei der Verwendung dieser Erzeugnisse wird der Geldbeutel etwas mehr geschont. Zu diesen Weinbränden zählt übrigens der Armagnac, und der Marc, der bei uns schlichtweg als Treber- oder Tresterschnaps bezeichnet wird. Ein ganz berühmter Vertreter dieser Gattung ist der Grappa. Grappa gehört zu den besonders geeigneten Weinbränden für Kräuteransätze. Sie sollten jedoch darauf achten, dass er nur über einen geringen oder gar keinen Zuckergehalt verfügt.

Mein Tipp: Alle Weinbrände mit Cognac-Charakter eignen sich für sehr feine Blüten-, Blätter- und Fruchtansätze.

Alkoholmissbrauch

Alkohol enthemmt

Nach diesem Einblick in die Welt der verschiedenen Alkoholsorten möchte ich es nicht versäumen, an dieser Stelle auch die negativen Seiten dieses Urgetränks der Menschheit zu erwähnen. Die Menschen in aller Welt tranken jahrhundertelang Alkohol, ohne von der schädlichen Wirkung dieser Substanz etwas zu ahnen. Bier galt sogar lange Zeit als Hauptnahrungsmittel, so dass der Ausschank selbst an stillende Mütter, Babys und Kleinkinder erlaubt war. Heute sind wir zwar etwas aufgeklärter, aber Alkohol ist noch immer das Suchtmittel Nummer eins weltweit. Unendlich viel Leid und Unheil haben wir diesem ehemals heiligen Getränk zu verdanken.

Bier und Schnaps wurden schon sehr früh von kirchlicher Seite als Produkte des Teufels erklärt. Mit dem Messwein hielt man sich da wesentlich mehr zurück, denn Wein war lange Zeit sowieso nur den Herrschern der weltlichen und geistlichen Welt vorbehalten.

... aber meistens eben doch!

Aber selbst die Ächtung des Alkohols als Teufelszeug war nicht in der Lage, den Alkoholmissbrauch der früheren Jahrhunderte einzudämmen. Offensichtlich gab es weitaus Schlimmeres, dem man mit einem Vollrausch zumindest zeitweise entfliehen wollte. Bis auf den heutigen Tag sterben allein in Deutschland jährlich über 55 000 Menschen an den Folgen des Alkoholismus. Man geht davon aus, dass jeder dreißigste Deutsche alkoholkrank ist. Die Heilung von dieser Sucht, vielmehr die Behandlungen der Folgen des Missbrauchs, verschlingt Unsummen von Geld, der Staat verdient aber an jeder Flasche über die Steuer mit.

Die Auswirkungen der Alkoholsucht sind allesamt gelinde ausgedrückt „unschön". Ein volltrunkener Mensch befindet sich in meinen Augen in einer eher menschenunwürdigen Situation. Bedingt durch den Angriff des Alkohols auf das zentrale Nervensystem sind solche Personen nicht mehr in der Lage, sich physisch und psychisch auf den Beinen zu halten, und damit hilflos der Umwelt ausgeliefert. Aber auch die so genannten „angeheiterten Zeitgenos-

Requisiten eines feuchtfröhlichen Abends

sen" können einem als stocknüchternen Menschen das Leben schwer machen. Alkohol enthemmt! So manche Alkohol ungeübte Frauensperson bekommt durch die Erweiterung der Blutgefäße einen dramatisch roten Kopf, spricht „im Kreis herum" und lacht ungehemmt laut vor sich hin. Dieser beschämende Anblick ist auch mit ein Grund, warum ich um jede „Besenwirtschaft" einen großen Bogen mache.

Hemmungsgeladene Männer, die es im nüchternen Zustand nicht gewohnt sind, ihre Gefühle zu zeigen, können unter Alkoholeinfluss zu regelrechten Bestien werden. Zerstörungswut bis hin zu Menschenschaden zählen zu diesen Folgen. Der stille Säufer verfällt in tiefe Depressionen und kippt irgendwann weg. Ich finde es einfach schrecklich, wenn man mit ansehen muss, wie viel Leid sich in Trinkerfamilien abspielt. Und nur, weil man sich selbst nicht mehr im Griff hat. Aber auch Menschen, die nur ab und an einmal einen über den Durst trinken, kann es in meinen Augen am nächsten Tag nicht schlecht genug gehen, selbst der kleinste Kater ist bereits ein Anzeichen für eine Alkoholvergiftung durch Übertreibung – oder Durcheinandertrinken. Wenn schon ein Gläschen in Ehren, dann aber bitte stets von der gleichen Sorte Alkohol.

Auf die Dosierung kommt es an

Nachdem ich jetzt als Schnapskräuterhexe so richtig gegiftet habe, möchte ich wieder auf die Menschen zurückkom-

Am Rhein waren die Menschen schon immer „weinselig".

men, die ein normales und gesundes Verhältnis zum Alkohol pflegen und diesen auch zu Heilzwecken einsetzen möchten. Sogar der Alkohol hat schließlich zwei Seiten und die Dosierung entscheidet über seine Giftigkeit oder ob er unsere Gesundheit erhält oder wiederherstellt. Meine Großmutter hat immer gesagt: „Jedes Rindvieh weiß, wann es genug hat!"

Wer also mit Alkohol umgehen kann, ihn stets in Maßen genießt und dabei unabhängig bleibt, dem ist ein ganz besonderes Genussmittel mit hervorragenden medizinischen Eigenschaften gegeben. Wie die Arbeit mit solch einem gesunden Stoff aussieht, welche Möglichkeiten es gibt, damit zu experimentieren, und welche Hilfsmittel dazu benötigt werden, erfahren Sie in den folgenden Kapiteln.

Zutaten und Hilfsmittel

Nur die besten Zutaten

Schnaps vom Selbsterzeuger

Wie jedes Essen nur so gut wie seine Zutaten ist, so verhält es sich ebenfalls bei der Zubereitung von Schnäpsen und Likören. Das bedeutet, dass wir schon bei der Zusammenstellung unserer Grundzutaten für die Herstellung eines Heiltrankes oder eines Likörs auf beste Qualität achten sollten. Wenn Sie einmal die Preise für Spirituosen in den Supermärkten vergleichen, werden Sie erhebliche Unterschiede feststellen. Das liegt zum größten Teil auch an den Qualitätsunterschieden. Um den billigsten

Dieser Früchtekorb lässt einem schon beim Ansehen das Wasser im Munde zusammenlaufen.

Fusel sollten wir von vornherein einen Bogen machen. Selbst wenn wir größere Mengen an Spirituosen benötigen, sei es wegen der geplanten Ansatzvielfalt oder weil wir von einem besonders leckeren Rezept gleich mehr ansetzen möchten, ist es nicht ratsam, an dieser Ecke zu sparen. Ihre Gesundheit und die Ihrer beschenkten Mitmenschen wird es Ihnen danken. Die obere Preisklasse ist allerdings auch nicht unbedingt nötig, es sei denn, sie ist es Ihnen wert!

Ich selbst bin dazu übergegangen, meinen evangelischen Schnaps direkt bei einem Selbsterzeuger zu besorgen, da weiß ich wenigstens, was ich habe. Sicherlich gibt es in Ihrer Umgebung einen Schnapsproduzenten, von dem Sie den einen oder anderen Kanister voll bekommen können.

Häufig sind die so genannten Hausbrände (das hat nichts mit einem bren-

Nur die allerbesten Zutaten sind gut genug.

nenden Haus zu tun) in höheren Alkoholkonzentrationen erhältlich, so dass man sie noch ohne Qualitätseinbußen verdünnen kann. Bei Rum sollte es ebenfalls „echter" Rum sein und nicht irgendein Chemieprodukt der billigen Art. Mit „Strohrum" verbrennen Sie sich sowieso nur den Gaumen.

Bei Cognac, Gin oder Wodka lohnt sich ebenfalls die Ausgabe für ein anständiges Markenprodukt.

Frische Früchtchen

Nachdem ich Sie nun von den Vorteilen eines hochwertigen Alkohols überzeugt habe, ist es wohl für jeden angehenden Zaubertrankbrauer einleuchtend, dass die gleichen Qualitätsansprüche an das Einlegegut gestellt werden müssen. Bei den verschiedenen Obstsorten wie Himbeeren, Johannisbeeren, Erdbeeren, Zitronen, Orangen und wie sie alle heißen sollten wir auf einwandfreie, frische und unverletzte Früchte achten.

Das wäre die rein äußerliche Sache. Schwieriger wird es jedoch bei den inneren Qualitäten. Es kommt nämlich sehr häufig vor, dass durch großgärtnerische Kunst und Gentechnik so manches Früchtchen nicht das hält, was es äußerlich verspricht. Erdbeeren und Tomaten und andere Früchte behalten neuerdings wochenlang in Kühlhäusern ihr frisches Aussehen, obwohl sie nach menschlichem Ermessen längst schrumpelig oder zusammengefallen „über den Jordan" gegangen sein müssten. Bei einer Geschmacksprobe stellt sich dann ein eher wässriger Abklatsch des erwarteten vollmundigen Aromas heraus. Solche Exemplare der neuen Art sind natürlich für unser Vorhaben völlig ungeeignet.

Wenn wir unser Obst schon nicht im eigenen Garten ernten können, so lohnt sich immerhin der Gang in den nächsten Bioladen, den Wochenmarkt (da darf man auch probieren, wenn nicht, dann Hände weg!) oder zum italienischen oder türkischen Händler um die Ecke. Achten Sie so ganz nebenbei noch darauf, dass es sich um unbehandeltes Obst handelt!

Auch als Erwachsene tut uns Fenchel noch immer gut.

Ein Kräuterkorb mit „Südländern": Basilikum, Rosmarin und Thymian

Schnell verarbeiten

Am besten wäre es natürlich, wenn Sie Ihre so erworbenen Schätze sofort verarbeiten würden. Das ist jedoch nicht immer möglich. In diesem Fall lagern Sie Ihr Einlegeobst vorzugsweise kühl und druckfrei, wobei der Kühlschrank nicht immer der beste Ort dafür ist.

Die Qualität der Früchte ist während ihrer natürlichen Haupterntezeit am besten. Diese sollten wir bei unserer Planung für das Ansetzen von Schnäpsen und Likören unbedingt beachten. Ich sage das deshalb, weil es heutzutage möglich ist, jederzeit alle Früchte dieser Welt zu bekommen. Aber die späten Erdbeeren des Sommers schmecken eben einfach besser als die, die unterm Weihnachtsbaum liegen. Mit Orangen im Sommer habe ich ebenfalls so meine Probleme. Selbst Zitronen haben ihre eigene Saison. Optimal sind jedoch nach wie vor die Früchte aus dem eigenen Garten. Doch selbst wenn wir kein eigenes Obst verarbeiten können, so ist es doch relativ einfach, dieses käuflich zu erwerben. Hierbei sollten wir auf optisch einwandfreie Früchte achten. Auch der Preis ist oft ein Qualitätsmerkmal.

Heil- und Würzkräuter selber ziehen

Anders verhält es sich bei den Heil- und Würzkräutern, die wir für unsere Ansätze benötigen. Ein Großteil davon ist nur schwer, wenn überhaupt, normal im Handel zu bekommen. Wildkräuter wie Schafgarbe, Gänseblümchen, Waldmeister, Johanniskraut und wie sie alle heißen können wir mit etwas Glück und Ausdauer noch selbst in der Naturlandschaft finden. Schwieriger wird es dann schon mit Wermut, Ringelblumen, Lavendel, Weinraute, Hopfen und vielen anderen mehr. Solche Pflanzen können fast nur aus dem eigenen Garten, von der Terrasse oder aus dem Kübel geerntet werden.

Selbst hier spielt die richtige Erntezeit für die spätere Qualität Ihres alkoholischen Ansatzes eine wichtige Rolle. Grundsätzlich gilt, dass nur gesunde Pflanzen verwendet werden, das heißt keine fleckigen, von Schnecken, von Insekten, Schimmel oder von Pilzen befallene Pflanzenteile. Auch verwelkte oder vertrocknete Kräuter kommen nicht in Frage.

Welches Kraut nehme ich zuerst bei dieser tollen Auswahl?

Blüten, Stängel oder Frucht?

Als Nächstes müssen wir uns Gedanken darüber machen, welche Pflanzenteile wir überhaupt brauchen. Sind es Blüten, Blätter und Stängel, Wurzeln, das ganze Kraut oder die Früchte, Beeren und Samen? Der optimale Erntezeitpunkt ist ebenso unterschiedlich wie die Art der Pflanzenteile.

Die Kräuterspirale – vielfältige Ernte auf engstem Raum

Die Kräuter nie direkt in praller Sonne trocknen

Am empfindlichsten sind die Blüten. Sie sollten am Vormittag eines warmen Tages kurz nach ihrem Aufgehen gepflückt werden. Stark duftende Blüten werden generell dann geerntet, wenn sich die ersten Knospen entfalten. Hier sollte ebenso ein warmer trockener Vormittag abgewartet werden, damit sich das ätherische Öl in der Pflanze voll entwickeln kann.

Blätter und Stängel erntet man ebenfalls um die Mittagszeit, an sonnigen und trockenen Tagen. Das ist auch besonders wichtig, wenn Sie die Pflanzenteile nicht sofort verarbeiten, sondern sie zunächst zum Trocknen auslegen möchten. Der Trockenplatz für Heil- und Würzkräuter muss sehr warm, schattig und zugfrei sein, um ein optimales Ergebnis erzielen zu können. Die Trocknungszeit sollte so kurz wie mög-

lich gehalten werden, da die Inhaltsstoffe sonst zu sehr reduziert werden.

Dass das Sammelgut nicht gewaschen werden sollte, ist somit einleuchtend. Anhaftende Erde, Steinchen und Getiere werden bereits beim Sammeln der Pflanzen abgeschüttelt. Während des Trocknungsvorganges werden die restlichen Staub- und Sandpartikel regelrecht „weggesprengt".

Die Wurzeln werden in den Ruhepausen der Pflanzen, das heißt im Spätherbst oder im Frühjahr geerntet. Dann befinden sich alle wichtigen Inhaltsstoffe in diesen Pflanzenteilen. Dass nur so viele Wurzeln ausgegraben werden, damit das Pflanzenvorkommen keinen Verlust erleidet, ist wohl selbstverständlich. Bei der Wurzelernte spielt die Tageszeit keine Rolle, es sei denn, Sie ernten „nach dem Mond".

Die Früchte- und Samenernte sollte schon kurz vor der Reife erfolgen, um diese im Haus nachreifen zu lassen. Da nicht alle Früchte, Beeren und Samen gleichzeitig reifen, müssen wir uns hier mehrfach auf den Ernteweg begeben. Heilpflanzen, die als ganzes Kraut Verwendung finden, schneidet man mit einem Messer oder einer Schere so ab, dass die unteren verholzten Teile stehen bleiben.

Mit einem Schnitt ...

Es ist übrigens grundsätzlich ratsam, mit Messer oder Schere bewaffnet auf Erntestreifzüge zu gehen, denn das Abknicken, Abreißen oder Ganz-Herausreißen von Pflanzen ist nicht nur mühselig, sondern auch Pflanzen schädigend. Schließlich möchten wir uns länger an den Schätzen der Natur erfreuen und sie zu unserem Nutzen einsetzen.

Ich vergleiche meine Kräuter in diesem Zusammenhang häufig mit menschlichen Lebewesen. Ein sauberer Schnitt verheilt auch bei uns wesentlich einfacher und schneller als ein ab- oder herausgerissenes Gliedmaß. Hoffentlich sind Sie jetzt nicht schockiert, aber wenn ich mir so manchen Naturvandalismus anschaue, sei er nun bewusst oder unbewusst geschehen, so drängt sich mir dieser Vergleich eben auf. Ich glaube jedoch, dass wir heute in einer Zeit leben, in der man häufig nur mit schockierenden Bildern ein Umdenken bewirken kann.

Und was das Messer betrifft, so kann es durchaus auch als Waffe dienen, wenn man sich als weibliches Wesen einsam in Feld, Wald und Flur befindet. Auch das muss heutzutage im Zusammenhang mit dem „idyllischen" Leben auf dem Land einmal gesagt werden.

Pflanzen trocknen

Da ich jedoch keinen Kriminalroman, sondern ein Buch über „Flaschengeister" schreibe, möchte ich hier wieder auf meine Hauptdarsteller zurückkommen. Ich werden häufig gefragt, wann den nun ein Kraut richtig trocken ist. Das ist eine Frage, die sich nicht mit einem Satz beantworten lässt. Je fleischiger und saftiger das Pflanzenmaterial ist, um so länger wird auch die Trocknungszeit ausfallen.

**Ein Duft zum Schwärmen:
Rosen in ihrer ganzen Pracht**

Blüten können bereits nach ein bis zwei Tagen trocken sein. Blätter und Kräuterbüschel werden sicher vier bis fünf Tage brauchen und Wurzeln und Beeren benötigen eventuell sogar sechs bis sieben Tage, bis sie völlig trocken sind. Hier muss man tatsächlich eigene Erfahrungen sammeln.

Obwohl ich für meine Kräuteransätze häufig frische Pflanzen verwende, so bringt das vorherige Trocknen doch so einige Vorteile mit sich. Auf diese Weise kann man sich Vorräte anlegen, die zum Teil auch als Kräutertees Verwendung finden können. Auch der Wirkstoffgehalt der Kräuter ist wesentlich höher, da die wertvollen Inhaltsstoffe konzentrierter vorliegen, als in der frischen Pflanze. Ich muss allerdings zugeben, dass auch so manches feine Aroma durch das Trocknen verloren geht. Daher benutze ich häufig beides – frische und getrocknete Pflanzenteile –, um einen Ansatz herzustellen.

Ätherische Öle und Edelsteine

Die Seele der Pflanzen

Nun gibt es neben den oben erwähnten Zutaten in Form von Obst, Kräutern und Gewürzen aber noch ganz besondere Zutaten für alkoholische Ansätze, die ich als Kräuterhexe in meinen geheimen Rezepturen verwende. „Aither" bedeutet bei den Griechen „Himmelsduft" oder „Weite des Himmels", die Alchemisten kennen die „Quinta Essentia", lateinisch (= „das Fünfte Seiende") und in Frankreich und England redet man schlicht von „essences" oder „essential oils". Aber alle meinen das Gleiche, nämlich die „Seele der Pflanzen", die ätherischen Öle.

Diesen ätherischen Ölen haben wir es zu verdanken, dass wir uns am Duft der Blumen, Kräuter und Früchte erfreuen und sie in der Zwischenzeit mit Hilfe der Aromatherapie ganz gezielt zu Heilzwecken einsetzen können.

Nur in reinster Form

Wenn Sie einen alkoholischen Ansatz herstellen, werden diese Duft- und Aromastoffe aus den Pflanzen herausgelöst und ergeben so, neben Gerb- und Bitterstoffen, den spezifischen Geschmack ihres Heiltrankes oder Likörs.

Was liegt also näher, als diese ätherischen Öle, die in Reinstform gewonnen werden können, für die Herstellung von Heilschnäpsen, Likören oder als Küchenwürze zu verwenden. Dabei sollten Sie auf hundertprozentig reine ätherische Öle aus kontrolliert biologischem Anbau achten. Da diese Seelen der Pflanzen je nach Gewinnungsart oft sehr teuer sind, werden sie mit so genannten Trägerölen „gestreckt", die nicht für den innerlichen Gebrauch geeignet sind. Viele ätherische Billigöle werden mit Hilfe von chemischen Lösungsmitteln gewonnen, und sind daher sogar als gesundheitsschädlich anzusehen. Man erkennt sie am „Einheitspreis". Reine ätherische Öle werden durch unterschiedliche Verfahren gewonnen und haben daher unterschiedliche Preise.

Die „Seele der Pflanzen",
wie die ätherischen Öle
bezeichnet werden.

Geeignete Öle

Mit hunderprozentig reinen ätherischen Ölen veredle ich so manchen Heiltrank, damit er noch besser schmeckt und wirkt. Man muss jedoch unbedingt über die Wirkung und Anwendung dieser Substanzen Bescheid wissen, um nicht des Guten zu viel zu tun und dann unter Umständen sogar eine gesundheitsschädliche Wirkung zu erzielen. Ätherische Öle werden generell nur tropfenweise, sparsam und verdünnt angewendet. Für die Verwendung in Schnäpsen und Likören eignet sich: Rosmarin-, Thymian-, Zimtrinde-, Lavendel-, Pfefferminz-, Rosen-, Fenchel- und Melissenöl sowie alle Zitrusöle. Weniger geeignet sind schwere Düfte wie Jasmin, YlangYlang, Neroli- oder Patschuliöl.

Als Dosierungsbeispiel für einen Kräuterschnaps mit Rosmarin benötigen Sie für einen halben Liter zwei bis drei Tropfen reines ätherisches Rosmarinöl. Im Vergleich dazu benötigt der Badezusatz für ein Vollbad 10–15 Tropfen reines ätherisches Öl. Probieren Sie daher vorher die von Ihnen gewünschte Konzentration aus.

Ätherisches Öl für die Veredelung eines Elixiers

Nicht nur im Märchen ...

Eine ganz besondere Zutat für Kräuterhexentränke sind echte Edelsteine. Sie werden sich jetzt sicherlich fragen, ob ich vielleicht zu viele Märchenbücher über Zwergenschlösser im Erdinnern, Edelsteingebirge oder vergrabene Edelsteinschätze gelesen habe oder schlicht und ergreifend zu wohlhabend wäre, dass ich meine Edelsteine schon im Schnaps versenken kann.

Nun, was die Märchen betrifft, haben Sie nicht ganz unrecht, denn ich hatte bereits als Kind nicht nur zu den Pflanzen, sondern auch zu den Schätzen der Mutter Erde eine ganz besondere Beziehung. Ich habe schon in jungen Jahren selbst Edelsteinmärchen verfasst. Was allerdings den Reichtum betrifft, der dem Besitzer von Edelsteinen nachgesagt wird, so merke ich bis auf den heuti-

Es gibt eine ganze Reihe von sehr guten Büchern, die sich mit der Heilwirkung der Edelsteine gründlich befassen und auseinandersetzen. Ich kann daher nur aus eigener jahrelanger Erfahrung bestätigen, dass es „funktioniert". Und zwar auch bei nicht kopfgesteuerten Individuen wie Kindern und Tieren!

Grundsätzlich wirken Edelsteine auf Grund ihrer Entstehung ihrer chemischen Zusammensetzung, ihrer elektromagnetischen Ladung, ihrer Farbausstrahlung, ihrer Härte, ihrer Transparenz und ihres Kristallsystems. Man spricht von einem Sender-Empfänger-Prinzip, in dem die Edelsteine mit uns Kontakt aufnehmen. Dieses Wissen ist übrigens schon uralt, denn Kristallen und Steinen wurde schon immer heilende Kräfte zugesprochen. Man hat in früheren Zeiten Edelsteine und Mineralien fein vermahlen und wie Medikamente eingenommen.

gen Tag nichts davon, dafür bin ich aber ein glücklicher und zufriedener Mensch, und das ist mehr wert! Wenn ich also Edelsteine versenke, so ist das lediglich dazu gedacht, meine Tränke noch wirksamer zu machen.

Die Kraft der Edelsteine

Dazu muss ich die Sache jedoch etwas näher beschreiben. Eine wichtige Voraussetzung, um die Wirkung von Edelsteinen zu begreifen, ist die, dass man den Einfluss der Steine auf den Menschen bezüglich seines stofflichen und seines feinstofflichen Leibes kennt. Es würde allerdings den Rahmen dieses Buches sprengen, wenn ich über das Wie und Warum der vielschichtigen Wirkungen der Edelsteine oder Mineralien intensiv eingehen würde.

Heute wissen wir, dass Steine ständig Energie aufnehmen und wieder abgeben. Diese Energie tritt verändert als Wärme, Licht oder hochfrequente Strahlung aus. Der Stein nimmt mit uns Kontakt auf, indem sein eigenes elektromagnetisches Feld als Minisender auftritt. Wenn man nun davon ausgeht, dass Krankheiten oder Missempfinden das Ergebnis einer Störung der inneren Harmonie und der damit verbundenen Schwingungsdissonanz ist, ist es einleuchtend, dass Steine offensichtlich dazu in der Lage sind, diese Dissonanz gleichzurichten. Daraus erfolgen geistige, seelische und körperliche Reaktionen von unserem Organismus. Wenn ich nun die Information, das heißt die Heilwirkung eines Steines kenne, kann ich ihn gezielt im Krankheitsfall einsetzen.

Edelsteine vermitteln tatsächlich körperliche Linderung, seelische Stärkung und geistige Erkenntnisse auch in scheinbar ausweglosen Situationen. Als ganzheitliche Medizin werden Körper, Seele, Verstand und Geist gleichermaßen einbezogen.

Edelsteine in Elixieren

Was liegt also näher, als diese Helfer aus dem Mineralienreich der Natur auch in „geistreichen" Tränken anzusetzen. Edelstein-Elixiere sind Essenzen, die mit Doppelkorn angesetzt werden, in dem man die Steine über einen längeren Zeitraum, das heißt über Monate und manchmal sogar Jahre einlegt. Sie geben so ihre Eigenschaften an dieses Alkohol-Wassergemisch ab, da beide – Wasser und Alkohol – besonders aufnahmefähig sind. Auf dieser Basis sind bereits sehr viele Edelstein-Essenzen im Handel, so dass durch die Zugabe von Kräutern und Gewürzen ganz besondere Kräuterhexenspezialitäten entstehen. Ich möchte Ihnen diesen Zusammenhang anhand eines Beispiel näher erklären. Nehmen wir einmal an, Sie möchten einen ganz besonderen Verdauungstrank herstellen:

Dazu benötigen wir zunächst die Heilkräuter, die für dieses Problem in Frage kommen. Das wären zum Beispiel Salbei, Angelikawurzel, Anis, Kümmel und andere. Sie können alle Kräuter

Ein Kristall aus dem Innern der Berge

einzeln oder gemischt ansetzen. Die passenden Edelsteine wären Aragonit, Chrysokoll, Epidot oder Jaspis.

Um herauszufinden, welcher nun der Geeignetste ist, müssen wir die Ursache dieser Befindlichkeitsstörung näher kennen. Der Aragonit gehört zu der Mineralklasse der Karbonate. Er stärkt das Immunsystem und hilft allgemein bei Verdauungsstörungen. Der Chrysokoll dagegen reguliert die Schilddrüsenfunktion und hilft auf diese Art und Weise bei stressbedingten Verdauungsstörungen. Zudem besitzt er eine krampflösende Wirkung. Der Epidot regt die Leber an, fördert die Gallenproduktion und verbessert somit die Leber-Galle-gesteuerten Verdauungsprozesse der Fettbestandteile aus unserer Nahrung. Der Jaspis wirkt entgiftend und entzündungshemmend; er hilft so bei Verdauungs- und Darmbeschwerden.

Nützliche Gerät-schaften

Flaschen und Co.

Doch nun zum praktischen Teil. Für die Herstellung von Schnäpsen und Likören sind nicht nur Spirituosen, verschiedene Heil- und Würzkräuter, Edelsteine und ätherische Öle notwendig, sondern auch allerlei Gerät, um aus diesen Zutaten die eine oder andere Spezialität abfüllen zu können.

Das Wichtigste sind jede Menge Flaschen. Große, kleine, dünne, dicke, bauchige, farbige, verzierte oder schnörkellose. Sie sollten auf jeden Fall transparent sein, damit die festen pflanzlichen oder steinigen Zugaben deutlich zu sehen sind. Viele Liköre und Schnäpse verändern durch die Einlagen von Pflanzen und Mineralien ihre Farbe, was zusätzlich sehr reizvoll aussieht.

Ich habe mir angewöhnt, jede halbwegs dekorative Flasche, die ich irgend-

Damit sich der „gute Geist" nicht so schnell aus der Flasche entfernt.

Der original Hexentrank wird ordnungsgemäß versiegelt.

wo herbekomme, zu sammeln. Bei meinen Streifzügen durch Kaufhäuser und Geschenkläden entdecke ich hin und wieder so manches Schnäppchen. Hier sollten Sie zugreifen, denn man weiß ja nie, wann man gerade diese Flasche gebrauchen kann.

Größere Mengen von leeren Schnapsflaschen bekommen Sie auch bei so manchem Gastwirt, der übrigens ganz froh ist, wenn Sie die Flaschenentsorgung übernehmen. Weitere wichtige Flaschen sind jene mit einem weiten Hals, wie zum Beispiel Saftflaschen oder Einmachgläser mit Schraubverschluss. In solche Flaschen können auch größere Frucht- oder Wurzelstücke gegeben werden. Für Kräuteransätze benötigen wir dann noch einige dickbauchige Flaschen mit einem Füllvolumen von fünf Litern. Dazu eignen sich italienische Landweinflaschen oder im Weinzubehörhandel erhältliche Ballonflaschen.

Korken ist nicht gleich Korken

Wenn Sie Flaschen mit Korkverschlüssen verwenden, sollten Sie unbedingt auf die Qualität des Korkes achten. Im Geschenkhandel gibt es oft so genannte Presskorkverschlüsse, das sind Korken aus vielen zusammengepressten Minikorkstückchen. Solche Deko-Korken stellen lediglich einen Staubschutz dar, denn sie sind luft- und flüssigkeitsdurchlässig. Das würde bei einem alkoholischen Ansatz bedeuten, dass er sich nach und nach dünne macht und verdunstet. Solche „Korken" sind auch nicht dicht, wenn die Flasche einmal umfällt. Aber selbst bei einem echten Korken sollten Sie darauf achten, dass er kompakt und nicht porös ist, sonst haben wir den gleichen Effekt.

Filtern und messen

Nachdem wir nun für die Behältnisse unserer Alkoholkreationen gesorgt haben, benötigen wir noch ein Plastiksieb, in welchem Früchte und Kräuter gewaschen oder aus dem fertigen Ansatz entfernt werden können. Um selbst kleinste Kräuter- und Obstpartikel abfiltrieren zu können, eignet sich ein Mulltuch oder das haushaltsübliche Kaffeefilterpapier. Verschieden große Trichter erleichtern das Abfüllen in Flaschen mit engen oder weiten Flaschenhälsen. Auch Messbecher mit großen und kleinen Einteilungen gehören zu der Standardausrüstung für „Schnäpsler". Für

Mit dieser Ausrüstung gelingt jeder Kräuterhexentrank.

das Abwiegen kleinster Mengen sollte neben einer Haushaltswaage gleichfalls eine Briefwaage zur Verfügung stehen.

Tröpfchen für Tröpfchen

Ätherische Öle werden tropfenweise verarbeitet, daher sollten auch einige Pipetten vorrätig sein. Achten Sie jedoch darauf, dass jedes ätherische Öl seine separate Pipette behält, da diese Aromen sehr intensiv sind und am Glas bzw. Gummiball haften bleiben. Zum Spülen legt man sie längere Zeit in heißes Wasser mit einem Schuss Alkohol.

Zu guter Letzt

Messer, Löffel, Kochlöffel und Soßenschöpfer befinden sich wohl in jeder Küchenschublade. Einen rauen Mörser zum Zerstoßen von Samen erhalten Sie in einem Haushaltswarengeschäft.

153

Gesunde und schmackhafte Kräutertränke

Rezeptangaben

Nach eigenem Geschmack

Mit den nun folgenden Rezepten möchte ich Sie in eine ganz besondere Welt der Kräuterhexenspezialitäten entführen. Das Brauen von Heil- und Zaubertränken war schon immer ein wichtiges Arbeitsgebiet der Kräuterhexen, Quacksalber und Alchemisten. Die Rezepturen waren zum Teil sehr abenteuerlich, und es war selten möglich, genaue Angaben in Gramm (g) und Litern zu machen. Auch heute verhält es sich noch ähnlich, wenn man versucht, die alten Hausrezepte aufzuschreiben. Es sind zum großen Teil Erfahrungswerte, für die weder Waage noch Messbecher nötig sind. Man spricht von einer „Handvoll", von einer „Tasse voll" oder von einer „Prise", ohne genaue Maßangaben.

Hier wird gründlich gefiltert, damit auch ja nichts passieren kann.

Da ich selbst ebenso wie meine Vorgängerinnen nach Erfahrungen arbeite, sind die folgenden Rezepturangaben lediglich als grobe Anhaltspunkte bezüglich Menge und Volumen gedacht. Je nach Vorliebe oder Geschmack können die Zutaten variiert werden. Das von mir vorgegebene Rezept bezieht sich immer auf die Menge von einem Liter und zwar nach meinem Geschmack! Sie werden jedoch schon bald Spaß am Experimentieren bekommen und eigene Kreationen herstellen.

An dieser Stelle möchte ich darauf hinweisen, dass die Kombination Alkohol und Zucker in vielen Fällen eine eher gesundheitsschädliche Wirkung zeigen kann. Besonders stark gezuckerte Liköre und Cocktails wie Kaffeelikör und die ganzen farbenfrohen Supermarkterzeugnisse mit meist künstlichen Aromen, aber auch liebliche Weine mit einem hohen Zuckergehalt erzeugen im Magen und Darm ungesunde Gärungsprozesse. Gerade mit Rum gibt es einige Mixrezepturen, die neben Zucker zudem noch größere Mengen Koffein beinhalten. Die negativen Auswirkungen auf Magen und Darm beziehungsweise Herz und Kreislauf können Sie sich wohl ausmalen.

Aus diesem Grund werden meine Kräuterhexentränke nur mit soviel Zucker oder Honig versetzt, dass er lediglich der Geschmacksabrundung dient.

Weine

Grundrezept für Kräuterwein

Als Basis für den Ansatz eines Kräuterweines dient häufig ein trockener Weißwein. Aber auch Rotwein ist für manche Rezepturen durchaus zu empfehlen. In einem Liter werden normalerweise 10 g Kräuter angesetzt. Nach acht bis zehn Tagen ist der Kräuterauszug fertig und muss dann sauber abfiltriert werden. Jede Verunreinigung führt zu einem „Kippen" des Weines oder zur Trübung.

Der fertig filtrierte und auf Flaschen gezogene Wein wird kühl und dunkel aufbewahrt. Er ist auf Grund seines geringeren Alkoholgehaltes auch nur begrenzt haltbar.

Ein Gläschen in Ehren – aber wirklich nur eins!

Die Dosierung von Kräuterweinen beträgt ein bis zwei Schnapsgläschen voll pro Tag, die sinnvoller Weise immer vor dem Essen getrunken werden sollten.

Selbst eine solch wunderschöne alte Waage sollte nicht zu häufig mit Zucker beladen werden.

Rosmarinwein gehört zu den ältesten „Arzneien". Ein Sträußchen Rosmarin (oben rechts)

den Wein sehr sauber abfiltrieren und in kleine Fläschchen füllen.

Dieser Rosmarinwein wirkt stark kreislauffördernd und blutdrucksteigernd. Sie sollten daher, falls Sie zu den „Niederdrucklern" gehören, immer ein Fläschchen in Reichweite haben. Die Dosierung lautet ein bis zwei Esslöffel voll bei Kreislauf bedingten Beschwerden. Achtung! Menschen, die zu hohem Blutdruck neigen, sollten Rosmarinwein meiden.

Mein Tipp: Der etwas „medizinische" Geschmack dieses Weines kann mit Mineralwasser oder Apfelsaft gemildert werden.

Rosmarinwein

Die Zutaten:
- ▶ 3 große Zweige Rosmarin, wenn möglich mit den Blüten
- ▶ 1 Liter Weißwein

So wird's gemacht:
Die Rosmarinzweige in eine gründlich gereinigte und ausgetrocknete Flasche geben, den Wein dazugießen. Die Flasche gut verschließen und vier Wochen im Hellen ausziehen lassen. Danach

Salbeiwein

Die Zutaten:
- ▶ 7 Zweige Gartensalbei, der möglichst mit Blüten geerntet werden sollte
- ▶ 1 Liter trockener Rot- oder Weißwein

So wird's gemacht:
Eine ausreichend große Flasche gründlich auswaschen und mit kochendem Wasser ausspülen und trocknen lassen. Die Salbeizweige hineingeben, mit dem Wein auffüllen und zwei Wochen im

Hellen stehen lassen – zum Beispiel auf der Fensterbank. Danach wird der Inhalt sehr gründlich filtriert, in die Flasche zurückgefüllt und gut verschlossen.

Salbeiwein ist eine Wohltat für die heißen Tage im Sommer, wenn das Schwitzen kein Ende mehr nehmen will und auch der Kreislauf leidet. Er wirkt schweißreduzierend und kreislaufstärkend. Salbeiwein schmeckt am besten als Schorle mit leicht gekühltem Mineralwasser.

Mein Tipp: Da Kräuterwein nach dem Anbruch rasch verbraucht werden sollte, ist es sinnvoll, ihn in kleine Flaschen abzufüllen. Bei längerem Anbruch geht der Wohlgeschmack verloren.

Die meisten Heiltränke werden im Hellen „ausgezogen", um anschließend nochmals zu reifen.

Buntlaubige Salbeistauden eignen sich in erster Linie als Schmuckstauden.

Löwenzahnwein

Die Zutaten:
▸ 30 ausgezupfte Löwenzahnblüten
▸ 1 Liter trockener Weißwein (Riesling)
So wird's gemacht:
Die Löwenzahnblütenköpfchen auf einem Tablett auslegen, damit sich mögliche Bewohner aus dem Staub machen können. Die gelben Kronblätter auszupfen, in eine helle Flasche geben, mit Weißwein auffüllen und 14 Tage im Hellen stehen lassen. Danach sauber abfiltrieren, in kleine Flaschen ($^1/_4$ Liter Inhalt) füllen. Kühl und dunkel lagern. Dieser Aperitifwein schmeckt wie trockener Sherry. Er sollte nicht sehr lange als Anbruch stehen bleiben.
Mein Tipp: Sammeln Sie die Blüten nur an sonnigen und warmen Tagen, da sie dann ganz geöffnet sind.

159

Liköre

Lavendellikör
nach Art der Kräuterhexe

Die Zutaten:
- Blüten von 15 Stängeln Lavendel
- 20 g Verbenenblätter
- Schale einer unbehandelten Zitrone
- 1 Liter Obstschnaps
- 50 g weißer Kandiszucker

So wird's gemacht:
Die Blütenstände des Lavendels im Ganzen abzupfen. Die Verbenenblätter grob mit dem Messer hacken und zusammen mit der Zitronenschale und dem Kandiszucker in eine Flasche geben. Mit dem Obstschnaps auffüllen, vier Wochen im Hellen stehen lassen und ab und zu schütteln, damit sich der Zucker auflöst. Anschließend durch einen Kaffeefilter abfiltrieren und mit zwei Stängeln Lavendelblüten und etwas frischer Zitronenschale in Flaschen abfüllen.

Anis-Fenchel-Kümmel-Likör

Die Zutaten:
- 30 g Anis
- 30 g Fenchel
- 30 g Kümmel
- 2 Stängel Pfefferminze
- 100 g weißer Kandiszucker
- 1 Liter Topinambur

So wird's gemacht:
Anis, Fenchel und Kümmel in einem Mörser anstoßen, in ein ungebleichtes Teefilterpapier füllen und zubinden. Mit der frischen Pfefferminze und dem Zucker in eine Flasche füllen und mit dem Topinambur auffüllen. Zirka drei Wochen an einem warmen Ort stehen lassen, bis sich der Zucker aufgelöst hat. Danach abfiltrieren und in Fläschchen mit einem frischen Zweig Pfefferminze abfüllen.

Anis, Fenchel und Kümmel sind die klassischen Antibauchwehkräuter. Daher ist dieser Trank für Menschen geeignet, die unter Blähungen leiden. Der Zucker kann in diesem Fall auch weggelassen werden.

Ein Dessert der ausgefallenen Art: Waffelherzen aromatisiert mit Lavendellikör

Brombeerlikör

Die Zutaten:
- 500 g reife, späte Brombeeren
- 200 g Krümelkandis
- ¼ Liter halbtrockener Sherry
- ¾ Liter feiner Weinbrand

So wird's gemacht:

Die Brombeeren waschen, abtropfen lassen und vorsichtig trocken tupfen. Anschließend lagenweise mit dem Kandiszucker in eine Schüssel schichten und leicht drücken.

So lange stehen lassen, bis sich der Zucker fast ganz aufgelöst hat. Danach in eine große Flasche mit weitem Hals oder in ein Einmachglas füllen und mit dem Weinbrand auffüllen. Nach einer Woche den Sherry dazugeben, gut durchschütteln und nochmals vier Wochen stehen lassen. Durch ein mit ei-

Schon bei der Zubereitung duftet die ganze Stube nach Holunderblüten.

nem Mulltuch oder Küchenpapier ausgekleidetes Sieb filtrieren und in Flaschen füllen.

Mein Tipp: Für dieses süffige Getränk sollten Sie unbedingt nur vollreife süße Brombeeren verwenden. Den Brombeerlikör genießt man pur zur „blauen Stunde", die allerdings nicht wörtlich gemeint ist.

Holunderblütenlikör

Die Zutaten:
- 4 Holunderblütendolden
- 100 ml Holunderblütensirup
- 1 Liter Obstbrand

So wird's gemacht:

Für den Holunderblütensirup werden frisch gepflückte Blütendolden kurz abgewaschen und auf einem saugfähigen Küchenpapier ausgebreitet. Die dicken Mit-

Zwei aromatische Vertreter aus der Reihe der Blütenliköre: Lavendellikör und Holunderblütenlikör

Ob diese Himbeeren überhaupt noch im Schnaps landen?

Sommerbeerenlikör

Die Zutaten:
- insgesamt 500 g Himbeeren, Erdbeeren und Johannisbeeren
- $^1/_2$ Vanillestange
- 2 Esslöffel Akazienhonig
- $^3/_4$ Liter Obstler
- $^1/_4$ Liter sehr guter Weinbrand

So wird's gemacht:

Die Sommerbeeren waschen und vorsichtig trocken tupfen und zusammen mit der aufgeschlitzten Vanilleschote in eine Flasche geben. Mit dem Obstschnaps und dem Weinbrand auffüllen. Nach vier Wochen Reife die Beeren und die Vanilleschote abseihen und mit dem Honig süßen.

Dieser sommerlich fruchtige Likör kann als Basis für Mixgetränke dienen. Er schmeckt besonders gut in Desserts wie Obstsalat und Eis.

Mein Tipp: Die ausgelaugten Beeren sehen zwar nicht mehr so schön aus, sie können aber püriert unter Schlagsahne gemischt werden und als besondere Zugabe zu Kuchen und Waffeln dienen.

Das ist schon etwas Leckeres: Obstsalat mit Herbstlikör

telstiele schneidet man mit einer Schere ab. Nun wiegt man 100 g abgetrocknete Blüten ab und schichtet sie lagenweise mit den Scheiben von zwei unbehandelten Zitronen in eine Schüssel. In einem $^1/_4$ Liter Wasser werden 400 g Zucker aufgelöst (durch Erwärmen). Diese Lösung und der Saft von zwei ausgepressten Zitronen werden zu den Blüten und den Zitronenscheiben gegeben. Man deckt das Ganze mit Folie ab und lässt es zwei bis drei Tage stehen. Danach wird alles durch ein Tuch abgeseiht und in eine gut schließende Flasche abgefüllt.

Man gibt die vier Holunderblütendolden in eine Flasche und gießt mit dem Obstschnaps auf. Nach vier bis sechs Wochen ergänzt man diesen Ansatz mit 100 ml Holunderblütensirup und lässt ihn noch einmal vier Wochen reifen.

Herbstfrüchtelikör

Die Zutaten:

- ▶ 300 g reife Herbstfrüchte: Zwetschen, Preiselbeeren, Birnen, Weintrauben, Brombeeren, Himbeeren, Heidelbeeren und andere
- ▶ 1 Zimtstange
- ▶ 100 g brauner Kandiszucker
- ▶ 1 Liter evangelischer Schnaps oder Birnenbrand

So wird's gemacht:

Das Obst gründlich waschen und gut trocken tupfen. Bei Steinobst die Steine entfernen, davon aber zwei Stück zerschlagen und mit dem Obst zusammen abwechselnd mit dem Kandiszucker in eine ausreichend große Flasche füllen Über Nacht zugedeckt stehen lassen. Am nächsten Tag den Liter Schnaps dazugießen und gut verschließen.

Den Ansatz hell aber nicht sonnig zwischen vier und sechs Wochen reifen lassen, dabei nicht vergessen, täglich einmal durchzurütteln, damit sich der Zucker auflösen kann. Danach durch ein Mulltuch abseihen und in schöne Flaschen füllen. In die Flaschen kann man zuvor ein oder zwei Stückchen der Herbstfrüchte geben.

Mein Tipp: Für diesen Likör können Sie sehr gut länger liegen gebliebene aber einwandfreie Weintrauben verwenden. Der Zuckeranteil kann dann auf 50 g reduziert werden.

Der Herbstfrüchtelikör kann auch als Basis für fruchtige Mixgetränke oder schmackhafte Desserts verwendet werden.

Im Sommer und Herbst entstehen die fruchtigen Liköre wie Sommerlikör (links) und Herbstlikör (rechts).

Apfelminzelikör

Die Zutaten:

- ▶ 6 Stängel Apfelminze (besondere Minze-Art)
- ▶ 10 Verbenenblätter
- ▶ 4/10 Liter Apfelsaft
- ▶ 3 Sternanise
- ▶ 4 Esslöffel Krümelkandis
- ▶ 1 Liter guter Armagnac

So wird's gemacht:

Die Apfelminze, die Sternanise und die grob geschnittenen Verbenenblätter mit dem Apfelsaft in eine Flasche geben und mit dem Armagnac auffüllen. Zwei Monate reifen lassen, abfiltrieren und mit dem Krümelkandis noch einmal etwa 14 Tage stehen lassen, dabei täglich einmal rütteln. Diesen fruchtigen Kräutertrank genießt man pur.

163

Schlehenlikör

Die Zutaten:
- 1 kg Schlehen (nach dem ersten Frost geerntet)
- 500 g brauner Kandis
- 1 Vanilleschote
- 1 Zimtstange
- 1 ½ Liter Gin

So wird's gemacht:

Die Schlehen waschen und mit einem alten Küchentuch trocken tupfen. In einen großen Topf geben und mit kochendem Wasser so weit übergießen, dass die Schlehen gerade bedeckt sind. Diesen Ansatz lässt man über Nacht stehen. Am nächsten Tag sind die Schlehen durch die Wasseraufnahme aufgeplatzt. Das restliche Wasser weggießen.

Reife Quitten – schade, dass Sie diesen Anblick nicht auch riechen können.

Schlehen mit heißem Wasser übergießen – das lästige Einstechen entfällt.

Nun werden die Früchte schichtweise mit dem Kandis in eine große Schüssel gegeben und noch einmal über Nacht stehen gelassen, damit sich der Zucker auflösen kann. Am folgenden Tag wird dieser Ansatz zusammen mit der Zimtstange und der aufgeschlitzten Vanilleschote in eine ausreichend große Flasche gegeben und mit dem Gin aufgefüllt. Nach vier bis sechs Wochen Reifezeit hat sich die Flüssigkeit in ein tiefes Karminrot verfärbt und kann nun abfiltriert werden.

Würzige Quitte

Die Zutaten:
- 1 große oder 2 kleine Quitten
- 2 Zimtstangen
- 20 g getrocknete oder frische Orangenschale
- 10 Wacholderbeeren
- 10 g Gewürznelken
- 10 g Kardamomkapseln
- 6 Sternanise
- 10 g Anis
- 10 g Koriander
- 100 g brauner Kandiszucker
- 1 Liter Obstbrand oder reiner Birnenschnaps

Hier sehen Sie das Ergebnis einer stacheligen Ernte mit gefrorenen Fingern: Schlehenlikör.

So wird's gemacht:

Die Quitten mit einem Tuch abreiben und in kleine Würfel schneiden. Nelken, Anisfrüchte und Koriandersamen in einem Mörser kurz anstoßen. Die Quitten zusammen mit dem Zucker über Nacht stehen lassen und am nächsten Tag zusammen mit den Gewürzen in eine große Flasche geben. Den Likör einen Monat im Hellen stehen lassen und ab und zu etwas schütteln. Danach abfiltrieren und in Karaffen füllen.

Mein Tipp: Dieser herbstliche Likör schmeckt besonders gut in der Adventszeit und wird auch sehr gerne als Geschenk in Empfang genommen. Denken Sie daran bei der Zusammenstellung der Zutaten und nehmen Sie lieber das Doppelte.

Erdbeer-Minze-Likör

Die Zutaten:
- ▶ 200 g späte Sommererdbeeren
- ▶ 3 Stängel Minze
- ▶ 4 Esslöffel Akazienhonig
- ▶ 1 Liter Obstschnaps

So wird's gemacht:

Die Erdbeeren waschen, trocken tupfen und halbieren. Die Minze in eine Flasche stecken, die Erdbeeren dazu geben und mit dem Obstschnaps auffüllen. 14 Tage im Hellen stehen lassen. Danach die Erdbeeren und die Minze entfernen und den Auszug durch ein Kaffeefilterpapier abfiltrieren. Den Honig dazugeben und noch einmal eine Woche reifen lassen.

Dieser fruchtige, intensiv nach Erdbeeren schmeckende Likör eignet sich sehr gut für sommerliche Mixgetränke und Eistee.

Lecker aber anstrengend – die Ernte von saftig roten Erdbeeren

165

Für alle, die es bitter mögen (oder brauchen) – der echte Kräutehexentrank

dem Waldmeisterkraut in ein Teefilter-papier füllen und zubinden. Das Johanniskraut, die Zitronenmelisse und die Pfefferminze in eine Flasche stecken, das Teefiltertütchen dazugeben und mit dem Obstler auffüllen. Drei Wochen im Zimmer stehen lassen und ab und zu etwas schütteln. Nach dieser Zeit kann der Teebeutel entfernt werden. Die restlichen Kräuter bleiben in der Flasche. Durch die Zugabe von Kandiszucker wird das Aroma abgerundet.

Dieser beruhigende Ansatzschnaps ist für alle nervösen und gestressten Erwachsenen geeignet. Dosierung: Zweimal täglich 30 ml.

Schnäpse

Antistress-Schnaps

Die Zutaten:
- 2 Blütenstände des echten Johanniskrautes
- 20 g Baldrianwurzeln
- 3 Stängel Zitronenmelisse
- 10 g Fenchel
- 10 g Weißdornblüten
- 10 g Kamillenblüten
- 2 Stängel Pfefferminze
- 10 g Waldmeisterkraut
- 50 g Krümelkandis
- 1 Liter Obstler

So wird's gemacht:
Den Fenchel im Mörser anstoßen und mit den getrockneten Baldrianwurzeln, Weißdornblüten, Kamillenblüten und

Grappa di Ruta

Die Zutaten:
- 3 Stängel frische Weinraute
- 3 Esslöffel Akazienhonig
- 1 Liter guter Grappa (Tresterschnaps)

So wird's gemacht:
Die Weinrautenstängel unzerkleinert in eine Flasche geben und mit dem Grappa auffüllen. Vier Wochen in einer dunklen Ecke des Zimmers ausziehen lassen. Der Grappa hat sich dann giftgrün verfärbt. Als Geschmacksabrundung den Akazienhonig dazugeben und noch einmal vier Wochen reifen lassen. Die Weinraute nicht entfernen, sondern als Dekoration in der Flasche lassen. Durch den hohen Bitterstoffgehalt der Weinraute bekommen wir einen vorzüglichen Aperitif. Es reichen zwei Esslöffel voll vor dem Essen.

Mein Tipp: Wenn Sie diesen Ansatz auf kleine Flaschen verteilen möchten, entfernen Sie die Weinrautenstängel und geben Sie zur Dekoration in jede Flasche ein kleines Fiederblättchen dieser Staude.

Das ist eine Zutat zahlreicher wohltuender Heiltränke – die Echte Pfefferminze.

Jetzt können Sie Italien auch zu Hause fühlen und schmecken, mit einem Grappa di Ruta.

Der echte Kräuterhexentrank

Die Zutaten:
- 6 Blätter frischer Wermut
- 3 Zweige frische Weinraute
- 3 Blütenstände des echten Johanniskrautes
- 10 frische Salbeiblätter
- 3 Stängel frische Krauseminze
- 1 Liter evangelischer Schnaps

So wird's gemacht:
Alle Zutaten in eine große Flasche füllen und mit dem Schnaps aufgießen. Nach 14 Tagen ist der Kräuterhexentrank giftig grün und bereits gebrauchsfertig. Die Kräuter können in der Flasche bleiben.

Bei dieser Spezialität handelt es sich um einen extrem bitteren Heiltrank ge-

gen Verdauungsbeschwerden. Er muss bei der Einnahme im Verhältnis 1 : 1 mit Wasser verdünnt werden, das heißt, einen Esslöffel Kräuterhexentrank plus ein bis zwei Esslöffel Wasser. Sie können diesen Trank auch nach dem Essen einnehmen.

Mein Tipp: Wenn Sie zum Essen eingeladen sind und keine Ahnung davon haben, was man Ihnen vorsetzt, sollten Sie diesen Heiltrank immer griffbereit haben. Apropos Promille: Keine Angst, bei dieser Verdünnung besteht keine Gefahr!

Bohnenkrautschnaps

Die Zutaten:

- 100 g frisches Bohnenkraut
- 20 g frischer Ysop
- 10 g getrockneter grüner Pfeffer
- 1 Knoblauchzehe
- 1 Liter Doppelkorn

Erste Hilfe von der Kräuterhexe bei Magenverstimmungen

Ein Bärlauchschnaps tut so manchem „Hochdruckler" gut.

So wird's gemacht:

Das Bohnenkraut und den Ysop mit dem Messer klein schneiden, den Pfeffer anstoßen, die Knoblauchzehe schälen und kurz anquetschen. Alle Zutaten in eine Flasche geben und mit dem Doppelkorn auffüllen. Nach vier Wochen abfiltrieren und mit je einem Zweig Bohnenkraut und Ysop in Flaschen füllen. Dieser außergewöhnliche Schnaps aus dem Küchenkräutergarten wirkt desinfizierend, krampflösend, verdauungsfördernd und anregend.

Bauchwehschnaps

Die Zutaten:

- 20 g Blutwurzel
- 10 g Kardamomkapseln
- 10 g Angelikawurzeln
- 10 g Anis

- 2 Blütenstände des echten Johanniskrautes
- 1 Zweig Krauseminze
- 1 Liter Topinambur

So wird's gemacht:
Die Blutwurzel, die Kardamomkapseln und die Angelikawurzel mit den angestoßenen Anisfrüchten in eine Flasche geben und mit dem Topinambur auffüllen. Nach drei Wochen abfiltrieren. Die Johanniskrautblüten und die Krauseminze in die Flasche stecken und mit dem filtrierten Ansatz wieder auffüllen. Sollte die Flasche nicht ganz voll werden, mit Topinambur nachfüllen. Nochmals 14 Tage im Hellen stehen lassen. Die Kräuter können in der Flasche bleiben.

Estragon-Anis-Schnaps

Die Zutaten:
- 10 Stängel französischer Estragon (es können auch mehr sein)
- 20 g gestoßene Anisfrüchte
- 1 Liter Doppelkorn

So wird's gemacht:
Die Estragonzweige, es sollte unbedingt der stark aromatische französische sein, gut waschen und trocken tupfen. Die Anisfrüchte im rauen Mörser kurz anstoßen, damit das ätherische Öl freigesetzt wird, und sofort in eine ausreichend große Flasche füllen. Die Estragonzweige dazugeben und mit dem Doppelkorn auffüllen. Diesen Ansatz in der hintersten Zimmerecke (nicht im Hellen) drei Monate lang reifen lassen. Die Flüssigkeit hat sich dann grün gefärbt.

Offensichtlich finden nicht nur wir Menschen Gefallen an Ysop und seinen herrlich blauen Blüten.

Den Ansatz durch ein Sieb abseihen und in dekorative Fläschchen abfüllen. Estragon-Anis-Schnaps ist ein milder und wohltuender Verdauungsförderer.

Bärlauchschnaps

Die Zutaten:
- 20 frische Bärlauchzwiebelchen mit ihren Blättern
- 1 Liter Doppelkorn

So wird's gemacht:

Den Bärlauch am besten büschelweise ausgraben und unter fließendem Wasser gründlich reinigen. Die Zwiebelchen ganz lassen und die Blätter grob hacken. Die Zutaten zusammen in eine Flasche geben und mit dem Doppelkorn auffüllen. Zwei Monate schattig reifen lassen und anschließend abfiltrieren.

Bärlauch wirkt blutdrucksenkend, so dass dieser Ansatz ganz besonders für Menschen mit hohem Blutdruck geeignet ist. Er wirkt aber auch generell vorbeugend bei Durchblutungsstörungen und Neigungen zu Arteriosklerose.

Dosierung: Zweimal täglich 20 ml Bärlauchschnaps (am besten morgens und abends).

Hier sehen Sie ein ganzes Sortiment wohltuender Helfer auf alkoholischer Basis: Minze, Zimt und Fenchel.

Milder Kräutergeist

Die Zutaten:

- ▸ 3 Stängel französischer Estragon
- ▸ 3 Stängel Minze
- ▸ 10 Blätter Gartensalbei
- ▸ 5 große Fiederblätter des Bronzefenchels
- ▸ 10 Kardamomkapseln
- ▸ 10 Pimentfrüchte (Nelkenpfeffer)
- ▸ 1 Zimtstange
- ▸ 1 Liter Wodka oder Kümmelschnaps

So wird's gemacht:

Die Kräuter und Gewürze in eine Flasche geben und mit dem Alkohol auffüllen. Der ganze Ansatz wird vier Wochen im Hellen ausgezogen und ohne Zugabe von Zucker in Flaschen abgefüllt.

Dieser milde Kräutergeist eignet sich besonders zur Unterstützung der Verdauung bei Menschen, die keine Bitterstoffe mögen.

Blutwurzelschnaps nach Art der Kräuterhexe

Die Zutaten:

- ▸ 3 Sternanise
- ▸ 20 g Blutwurzel
- ▸ 5 g Angelikawurzel
- ▸ 5 g Kardamomkapseln
- ▸ 5 g geschroteter Zimt
- ▸ 5 g gestoßene Wacholderbeeren
- ▸ 5 g geschnittene, getrocknete Wermutblätter
- ▸ 5 g getrocknete Orangenschalen
- ▸ 1 Liter Topinambur

Auch die Dekoration trägt ihren Teil dazu bei, ob ein Heiltrank überhaupt optisch anspricht. Hier: Liebstöckel-Petersilien-Schnaps.

So wird's gemacht:

Diese Kräuter-Würzmischung wird in eine Weithalsflasche mit einem Liter Fassungsvermögen gegeben, mit dem Topinambur aufgefüllt und gut verschlossen. Den Ansatz lässt man vier Wochen im Hellen stehen. Danach wird abfiltriert und mit zwei Esslöffeln Krümelkandis leicht gesüßt. Noch einmal 14 Tage reifen lassen.

Mein Tipp: Dieser Blutwurzelschnaps tut gut bei Verdauungsstörungen, die mit Durchfall einhergehen. Für diesen Zweck sollten Sie allerdings keinen Zucker hinzufügen.

Liebstöckel-Petersilien-Schnaps

Die Zutaten:

► 5 Stängel Liebstöckel
► 5 große Stängel Petersilie
► 10 g Anisfrüchte
► abgeschälte Schale einer kleinen Zitrone
► 1 Liter Wodka

So wird's gemacht:

Die frischen Liebstöckel- und Petersilienstängel waschen und grob mit dem Messer hacken, die Anisfrüchte im Mörser anstoßen, alles zusammen in eine Weithalsflasche geben und mit Wodka auffüllen. An einem schattigen, warmen Ort vier Wochen ziehen lassen und anschließend abfiltrieren.

Dieser „Suppenkräuterschnaps" wirkt entwässernd und entschlackend. Ein Schnapsglas voll täglich genügt.

Mein Tipp: Wenn Sie diesen Ansatz verschenken möchten, geben Sie ein Blättchen Liebstöckel und ein Stückchen Zitronenschale als Dekoration mit in die Flasche.

Der Blutwurzelschnaps wird seit alters bei Verdauungsbeschwerden empfohlen.

Löwenzahnschnaps

Die Zutaten:

- ▶ 30 abgezupfte Löwenzahnblütenköpfchen
- ▶ 3 Stängel Zitronenmelisse
- ▶ 2 Blätter Wermut (oder 4 g getrocknete Wermutblätter)
- ▶ 1 Liter Obstschnaps

So wird's gemacht:

Die Löwenzahnblütenköpfchen an einem sonnigen warmen Tag ernten und eine Stunde auf einem Tablett auslegen. Auf diese Weise können eventuelle Bewohner, in Form von kleinen schwarzen Käfern, das Weite suchen. Die Blüten nicht waschen, zusammen mit der Zitronenmelisse und dem Wermut in eine Weithalsflasche geben und mit dem

Ein Löwenzahn-
schnaps für
Menschen, die
keine starken
Bitterstoffe
vertragen

So gesund
die Schwarzen
Johannisbeeren auch
sind, ich kann sie einfach nicht
riechen!

Obstler auffüllen. Nach 14 Tagen im Hellen hat sich der Alkohol goldgelb gefärbt und kann abfiltriert werden. Als Aperitif gereicht, veranlasst dieser Schnaps unsere Leber und Galle dazu, ihre Tätigkeit aufzunehmen. Auf diese Art und Weise können Verdauungsstörungen, die durch verminderte Gallensekretion auftreten können, vermieden werden. Die Leber sollte aber, wie bei allen alkoholischen Tränken, gesund und funktionstüchtig sein.

Mein Tipp: Da es sich um einen verdauungsförderlichen Heiltrank handelt, ist von einer Zuckerzugabe abzusehen.

Wermutbitter

Die Zutaten:

- ▶ 5 große Blätter von der Wermutstaude
- ▶ 2 Zimtstangen
- ▶ Schale einer großen unbehandelten Orange
- ▶ 1 Liter Obstbrand

So wird's gemacht:

Die Wermutblätter kurz abspülen, mit den leicht zerbrochenen Zimtstangen und der Orangenschale in eine Flasche

172

geben und mit dem Obstschnaps auffüllen. Den Ansatz drei Wochen lang an einem hellen Ort stehen lassen und anschließend abfiltrieren. Wer möchte, kann den fertigen Ansatz mit etwas Honig süßen. Dann sollte man aber noch einmal zwei Wochen abwarten, bis man ihn als verdauungsfördernden Bittertrank genießt. Dosierung: $1/5$ Liter vor oder nach dem Essen.

Mein Tipp: Regelmäßiger Genuss von Wermut und in höheren Dosen schädigt das Nervensystem. Dies hat dazu geführt, dass sich so mancher Wermutbruder im „Delirium tremens" (= „Säuferwahnsinn") von dieser Welt verabschiedet hat!

nisbeeren, dem Zimt und dem Ingwer in eine Flasche geben und mit Gin auffüllen. Den Ansatz vier Wochen lang bei täglichem Schütteln im Hellen stehen lassen, danach abfiltrieren und nochmals vier Wochen ruhen lassen. Anschließend in schöne Flaschen füllen und mit einem eingelegten Wacholderzweig oder den Johannisbeerblättern dekorieren.

Mein Tipp: Dieser Wacholdertrank schmeckt zwar etwas herb, ist aber wohltuend bei „übersättigtem Magen". Ich habe die Erfahrung gemacht, dass er durch längere Lagerung immer besser wird.

Bei richtigem Umgang mit Alkohol ist dieser Wacholder-Johannisbeer-Schnaps eine gesunde Sache.

Wacholder-Johannisbeer-Schnaps

Die Zutaten:

- 50 g gestoßene Wacholderbeeren (extra Qualität aus der Apotheke)
- 200 g frische abgezupfte Schwarze Johannisbeeren
- 1 Wacholderzweig oder 5 frische Blätter des Johannisbeerstrauches
- 2 Zimtstangen
- 1 Stückchen frischer Ingwer
- 1 Liter trockener Gin

So wird's gemacht:

Die Wacholderbeeren mit den gewaschenen und trocken getupften Johan-

Elixiere

Theriak mit Honig

Die Zutaten:

- ▸ 5 g geschroteter Zimt
- ▸ 10 g Kardamomkapseln
- ▸ 2 g Myrrhe
- ▸ 10 g Angelikawurzel
- ▸ 10 g Baldrianwurzel
- ▸ 10 g Zitwerwurzel
- ▸ 10 g Blutwurzel
- ▸ 20 g frische oder getrocknete Pfefferminze
- ▸ 20 g Schlangenwurzel
- ▸ 30 g Rosinen
- ▸ 6 Esslöffel Akazienhonig
- ▸ 1 Liter Obstler

So wird's gemacht:

Alle Wurzeln mit einer alten elektrischen Kaffeemühle zerkleinern (so gut es geht). Anschließend mit dem Zimt und der Myrrhe (Harz) vermischen, zusammen mit der Pfefferminze und den Rosinen in eine bauchige Flasche geben und mit dem Schnaps auffüllen. Dieser Ansatz sollte mindestens zwei bis drei Monate reifen.

Danach durch ein Kaffeefilterpapier filtrieren und den Honig dazugeben. Noch einmal eine Woche stehen lassen. Dieser klassische Bittertrank, dessen Urrezept bereits aus der Antike stammt, gilt heutzutage als Universalheilmittel gegen akute Verdauungsstörungen. Früher nahm man den Theriak als so genanntes Antidot, das heißt als Gegenmittel bei Vergiftungen. Ich muss von solch einer Anwendung aber dringend abraten, obwohl der Theriak bei einer abklingenden Salmonellenvergiftung unterstützend wirken kann. Eine Überdosierung ist allerdings aufgrund seines „gewöhnungsbedürftigen" Geschmackes nicht zu befürchten.

Herzstärker-Elixier

Die Zutaten:

- ▸ 200 g Hagebutten
- ▸ 100 g Weißdornfrüchte
- ▸ 50 g getrocknete Weißdornblüten
- ▸ 10 g getrocknetes Waldmeisterkraut
- ▸ 1 Liter Wodka

So wird's gemacht:

Die Hagebutten waschen, den Stiel und das schwarze Häubchen abschneiden. Die Weißdornfrüchte ebenfalls waschen und trocken tupfen. Die Früchte mit

Bei der Hagebuttenernte kann es ganz schön pieksen.

Eine Wohltat, besonders für ältere Herrschaften, ein Herzstärker-Elixier

den getrockneten Weißdornblüten und dem getrockneten Waldmeisterkraut in eine Flasche füllen und mit dem Wodka aufgießen. Zwei Wochen lang ziehen lassen, dabei täglich schütteln und anschließend filtrieren. Das Herzstärker-Elixier hat sich dann rötlich gefärbt und kann getrunken werden.

Da Weißdorn ein hervorragendes Herzmittel darstellt, ist dieses Elixier besonders für jene Menschen zu empfehlen, die unter nervösen Herzbeschwerden oder Altersbluthochdruck leiden. Die Dosierung wäre in diesem Fall zweimal täglich 30 ml.

Mein Tipp: Sie können dieses Elixier auch jederzeit aus getrockneten Früchten herstellen.

Bald ist es soweit und der Ansatz kann abfiltriert werden.

Ein Schafgarben-Rosmarin-Elixier wirkt kreislaufstärkend und verdauungsfördernd.

Lavendel-Minze-Elixier

Die Zutaten:
- 20 Stängel frische Lavendelblüten
- 5 Zweige frische Minze
- 30 g abgezupfte Verbenenblätter
- 2 Zimtstangen
- 20 g gestoßene Fenchelfrüchte
- 1 Liter Obstler

So wird's gemacht:
Den Lavendel, die Minze, die Verbenenblätter und die Gewürze in eine Flasche geben und mit dem Obstler auffüllen. Das Ganze zwei Monate im Hellen rei-

fen lassen. Danach abfiltrieren und mit 100 g weißem Kandiszucker süßen.

Dieses verdauungsförderliche Elixier schmeckt besonders angenehm durch das Zitronenaroma der Verbene. Es eignet sich besonders bei Blähungen. Dosierung: Ein Schnapsgläschen voll vor dem Essen.

Schafgarben-Rosmarin-Elixier

Die Zutaten:
- ▸ 5 Schafgarbenstiele mit Blüten und Blättern
- ▸ 2 Zweige Rosmarin
- ▸ 1 Liter Wodka

So wird's gemacht:
Die Kräuter in eine Flasche stecken und mit dem Wodka auffüllen. 14 Tage im Hellen stehen lassen, danach können Sie die Zweige wieder entfernen oder aber in der Flasche belassen.

Das Schafgarben-Rosmarin-Elixier wirkt verdauungsfördernd, krampflösend und kreislaufanregend. Es sollte daher nicht unbedingt vor dem Zu-Bett-Gehen getrunken werden.

Kardamom-Vanille-Elixier

Die Zutaten:
- ▸ 4 Vanilleschoten
- ▸ 250 ml Wasser
- ▸ 150 ml Weingeist (90 % Vol.)
- ▸ 500 ml Cognac
- ▸ 200 g Zucker
- ▸ 20 g grüne Kardamomkapseln
- ▸ 50 g frischer Ingwer in Stückchen

So wird's gemacht:
Die Vanilleschoten auskratzen. Schoten und Mark mit dem Wasser und dem Zucker in einen Topf geben und 15 Minuten kochen lassen. Die Vanille herausnehmen und die abgekühlte Flüssigkeit in eine ausreichend große Flasche filtrieren. Die Kardamomkapseln und den Ingwer dazugeben und mit dem Cognac auffüllen. Vier Wochen im Dunkeln ziehen lassen, danach abseihen und in eine Karaffe füllen.

Dieses leckere orientalisch schmeckende Elixier ist für ganz besondere Gelegenheiten gedacht. Es eignet sich hervorragend zu einem Eisdessert oder zum Mokka.

Eine Spezialität der ganz besonderen Art: Kardamom-Vanille-Elixier

Elixiere mit ätherischen Ölen

Kräuter-der-Provence-Likör mit Thymianöl

Die Zutaten:

- 1 Zweig Basilikum
- 1 Zweig Bohnenkraut
- 1 Zweig Rosmarin
- 1 Zweig Krauseminze
- 3 Stängel blühender Lavendel
- 10 g Fenchel
- 10 g Anis
- 10 g Koriander
- 10 g getrockneter Oregano
- 5 g getrockneter Majoran
- 5 Tropfen ätherisches Thymianöl
- 1 Liter Doppelkorn
- 4 Esslöffel Lavendelhonig

So wird's gemacht:

Die Kräuterzweige an einem warmen sonnigen Tag am Vormittag schneiden, kurz abwaschen und trocken tupfen. Fenchel, Anis und Korianderfrüchte im Mörser anstoßen, mit dem Oregano und dem Majoran in einen Teefilterbeutel geben und diesen zubinden. Alles zusammen in eine ausreichend große Weithalsflasche geben und mit dem Doppelkorn aufgießen. Zum Schluss das Thymianöl mit der Pipette tropfenweise dazugeben. Die Flasche gut verschließen und vier bis sechs Wochen im Hellen stehen lassen. Danach die Kräuter entfernen und mit dem Lavendelhonig süßen. Sie sollten diesen Ansatz noch etwa 14 Tage ruhen lassen.

Dieser ungewöhnliche Likör stellt auf Grund seiner Inhaltsstoffe einen vorzüglichen Aperitif dar. Daher sollte man ein Schnapsglas voll vor dem Essen genießen.

Mein Tipp: Wenn keine frischen Kräuter vorhanden sind, können Sie auch getrocknete verwenden. Ein Zweig entspricht einem Teelöffel getrocknetes Kraut.

Hätten Sie gedacht, dass man die Kräuter der Provence auch trinken kann?

Diese wunderschönen Rotkleeblüten sind für Kühe viel zu schade.

Pfefferminzlikör mit Rotkleeblüten und Pfefferminzöl

Die Zutaten:
- 4 große Zweige echte Pfefferminze
- 200 g weißer Kandiszucker
- 10 Rotkleeblüten
- 6–10 Tropfen ätherisches Pfefferminzöl
- 1 Liter Wodka
- 5 Gewürznelken

So wird's gemacht:
Die Pfefferminzzweige an einem warmen sonnigen Tag im Garten ernten, kurz abwaschen und trocken tupfen.

In der Provence wächst der meiste Lavendel auf den Feldern.

179

Entfernen Sie dabei die kleinen, schwarzen Käfer, die sich mit Vorliebe auf den Pfefferminzblättern aufhalten. Die Zweige steckt man in eine ausreichend große Flasche und gibt die ausgezupften Rotkleeblüten und die Nelken dazu. Mit dem Wodka auffüllen, den Kandiszucker und das Pfefferminzöl mit der Pipette dazugeben. Die Flasche verschließen und einmal gut durchschütteln. Im warmen Zimmer sechs Wochen stehen lassen. Ab und zu schütteln, damit sich der Zucker gut auflöst. Danach den Ansatz durch ein Plastiksieb geben und die Flüssigkeit zusammen mit je zwei Blättchen Pfefferminze und drei Rotkleeblüten in kleinere Flaschen abfüllen.

Dieser Pfefferminzlikör hat eine wohltuende und auf die Atemwege befreiende Wirkung. Es ist eine hervorragende Basismischung für sommerliche Erfrischungsgetränke.

Für alle, die es ganz zitronig lieben – Verbenenlikör

Hagebuttenlikör mit Zimtrindenöl

Die Zutaten:
- 400 g Hagebutten
- 200 g Krümelkandiszucker
- 1 Zimtstange
- 10 frische Verbenenblätter
- Schale einer halben Zitrone
- 10 Tropfen ätherisches Zimtrindenöl
- $1/4$ Liter Cognac
- $3/4$ Liter Obstschnaps

So wird's gemacht:
Von den Hagebutten die Stängel und das schwarze Köpfchen abschneiden, waschen und gründlich trocknen lassen. Die Früchte mit einem scharfen Messer halbieren, die Kerne und die Brennhaare herausschaben. Die Hagebutten in eine Schüssel geben, mit dem Kandiszucker vermischen und über Nacht stehen lassen. Am nächsten Tag diese Mischung zusammen mit der Zimtstange der Zitronenschale und den grob gehackten Verbenenblättern in eine ausreichend große Flasche geben. Den Cognac, den Obstschnaps und das Zimtrindenöl dazugeben und gut verschlossen acht Wochen an einem warmen hellen Platz reifen lassen. Anschließend durch ein Mulltuch abfiltrieren und in Flaschen oder auch Karaffen füllen. Sie können Ihren Likör schön dekorieren, indem Sie drei frische Hagebutten und ein Rosenblatt (oder ein Duftgera-

nienblatt) mit in die Flasche geben. Hagebuttenlikör kann als Verdauungs-schnäpschen oder mit trockenem Sekt oder Weißwein gemischt getrunken werden. Sie können aber auch Wild-soßen und Desserts damit verfeinern.

Verbenenlikör mit Lemongras- und Orangenöl

Die Zutaten:
- ▶ 150 g frische Verbenenblätter
- ▶ 1 Liter Obstschnaps
- ▶ 3 Esslöffel Akazien- oder Rosmarin-honig
- ▶ 10 Tropfen ätherisches Lemongrasöl
- ▶ 10 Tropfen Orangenöl
- ▶ einige Blätter frisches Lemongras

So wird's gemacht:
Die Verbenenblätter klein schneiden und zusammen mit dem Honig in eine große Flasche geben und mit dem Obst-ler auffüllen. Drei Wochen im Hellen stehen lassen, dabei täglich einmal gut schütteln. Danach die Blätter abseihen, den Auszug zurück in die Flasche ge-ben und die ätherischen Öle tropfen-weise dazugeben. Noch einmal 14 Tage reifen lassen. Anschließend in kleinere Fläschchen umfüllen und unter Zugabe von Zitronengras und frischen Verbe-nenblätter dekorieren.
Dieser intensiv nach Zitrone schmeckende Likör eignet sich besonders für die Her-stellung von Mixgetränken oder mit Mineralwasser aufgegossen als erfri-schender Sommerdrink.

Hagebuttenlikör kann aus frischen oder aus getrockneten Früchten hergestellt werden; weit-ere Zutaten: Zitronen-schale und Cognac.

Kräuter-Edelstein-Elixiere

Frühlingswiesen-Likör mit grünem Calcit

Die Zutaten:
- ▸ 1 Handstrauß aus Gänseblümchen, Wiesenschlüsselblumen, Spitzwegerichblättern, Schafgarbenblättern, Veilchenblüten, Löwenzahnblüten und -blättern
- ▸ 1 Liter Doppelkorn
- ▸ 1 grüner Calcit (Rohstein)

So wird's gemacht:
Alle Wiesenblüten und -kräuter gründlich waschen und trocken tupfen. Unzerkleinert mit dem Calcit in eine Flasche geben und mit dem Doppelkorn

auffüllen. Acht Wochen im warmen Zimmer stehen lassen. Danach die Kräuter abseihen. Der Calcit bleibt in der Flasche.

Das grüne Calcit-Elixier wirkt harmonisierend, befreiend und entspannend und ergänzt sich aus diesem Grunde hervorragend mit den ersten Frühlingswiesenblumen, deren Anblick die gleichen Empfindungen hervorrufen. Sie sind ein Zeichen dafür, dass es endlich wieder Frühling ist und die wärmere Jahreszeit vor der Tür steht. Winterdepressionen verschwinden ebenfalls.

Der alkoholische Auszug aus den Wiesenpflanzen wirkt darüber hinaus stoffwechselanregend und entschlackend. Also gerade das Richtige für diese Jahreszeit.

Mein Tipp: Sie können dieses Elixier auch mit gelbem Calcit ansetzen, er verbessert die Kalkaufnahme durch die Knochen, wirkt verdauungsfördernd und stoffwechselanregend, sowie mit weißem Calcit, der neben den schon genannten Wirkungen zusätzlich entschlackt und entgiftet. Außerdem neutralisiert weißer Calcit physische und psychische Übersäuerung. Dosierung: Zweimal täglich ein Schnapsglas voll.

Eine besondere Frühlingsspezialität: Likör von der Frühlingswiese mit grünem Calcit (links). Blauer Lapislazuli (rechts)

Früher nannte man die Gänseblümchen „Wetterblumen", sie öffnen sich nur bei schönem Wetter.

Ysop-Ringelblumen-Likör mit Lapislazuli

Die Zutaten:
- ▶ 7 Stängel blühendes Ysopkraut
- ▶ 3 Stängel blühende Ringelblumen
- ▶ 1 Lapislazuli (Rohstein)
- ▶ 1 Liter Doppelkorn
- ▶ 4 Esslöffel Akazienhonig

So wird's gemacht:

Das Ysopkraut und die Ringelblumen kurz abwaschen, trocken tupfen und auf eventuelle Bewohner untersuchen. Zusammen mit dem Lapislazuli in eine Flasche geben und mit dem Doppelkorn aufgießen. Drei Monate im Hellen stehen lassen. Danach die Kräuter entfernen, den Ansatz abfiltrieren und mit einem Stängel frischem Ysop, drei Ringelblumenblüten und dem Edelstein wieder in die Flasche füllen. Den Honig dazugeben und noch einmal drei Wochen ruhen lassen.

Das intensiv blau blühende Ysopkraut und die goldgelben Ringelblumenblüten sehen nicht nur im Kräuterbeet wunderbar aus, sondern sind auch als alkoholischer Ansatz Helfer bei Verdauungsstörungen, die mit Krämpfen einhergehen. Der Geschmack ist angenehm herbwürzig und wird durch die Zugabe des Honigs abgerundet.

Der Name Lapislazuli bedeutet „blauer Stein" oder „Himmel". Er wird in vielen Kulturen als Heilstein und für kultische Zwecke benutzt. Er offenbart die eigene innere Wahrheit, fördert Selbstbewusst-

So ein Erkältungstrank tut auch Kräuterhexen gut.

sein, Würde, Ehrlichkeit und Aufrichtigkeit. Lapislazuli wirkt blutdrucksenkend, reguliert die Funktion der Schilddrüse, schenkt uns schöne Träume und einen erholsamen Schlaf. Mit diesem Ysop-Ringelblumen-Likör können wir es uns also rundum gut gehen lassen. Dosierung: Ein bis zwei Schnapsgläschen pro Tag.

Erkältungstrank mit Moosachat

Die Zutaten:
- ▸ 10 g Eibischwurzel
- ▸ 3 Zweige Thymian
- ▸ 1 Blütenrispe der Königskerze
- ▸ 6 Spitzwegerichblätter
- ▸ 10 frische Huflattichblüten
- ▸ 10 g Fenchelfrüchte
- ▸ 1 Zweig Gartensalbei
- ▸ 1 Moosachat
- ▸ 1 Liter Doppelkorn
- ▸ 3 Esslöffel Fenchelhonig

So wird's gemacht:
Die Fenchelfrüchte im Mörser anstoßen, damit das ätherische Öl freigesetzt wird, und zusammen mit der geschnittenen Eibischwurzel und dem Moosachat in eine Flasche geben. Nun die frisch gesammelten, gewaschenen und kurz getrockneten Huflattichblüten dazugeben und mit dem Doppelkorn auffüllen (Huflattich blüht im März und April).
Nun können wir auf zwei Arten weiter verfahren. Entweder Sie geben die restlichen Kräuter wie Thymian, Königskerze, Spitzwegerichblätter und Salbei im Laufe des Sommers dazu oder Sie kaufen sich diese getrocknet in der Apotheke und geben Sie sofort zu Ihrem Ansatz. Sie benötigen dann jeweils 10 g der genannten Kräuter. Der komplette Ansatz sollte jedoch immer acht Wo-

Diese Helfer gegen Erkältung sind besonders wirksam zusammen mit Kräutern: Moosachat (links) und Honig.

Die Brennnessel ist ein altbekanntes Kraut gegen „Blutmangel" und zur Unterstützung bei Ödemen (ganz links). Der grüne Aventurin gilt als Hexenstein, da er Hautkrankheiten über den Stoffwechsel lindert (links).

Brennnesselschnaps mit grünem Aventurin

Die Zutaten:

- ▶ 5 frische, junge Brennnesselstängel
- ▶ 20 g frische Petersilienwurzel
- ▶ 10 g extra große Wacholderbeeren
- ▶ 20 g Hauhechelwurzel (aus der Apotheke)
- ▶ 1 Liter Wodka
- ▶ 1 grüner Aventurin

So wird's gemacht:

Die Brennnesselstängel mit Handschuhen schneiden und unter fließend kaltem Wasser gründlich waschen. Bei diesem Vorgang verliert die Brennnessel ihre Brennhaare und kann dann anschließend ohne Handschuhe weiterverarbeitet werden. Zuerst die Petersilienwurzel in Würfel schneiden und die Wacholderbeeren im Mörser etwas anquetschen. Die Brennnesseln in eine große Flasche stecken und die übrigen Zutaten dazugeben – auch den Aventurin. Mit dem Wodka auffüllen und zwei Monate im Hellen stehen lassen und ab und zu schütteln. Danach abfiltrieren und den Aventurin wieder in die Flasche geben.

chen im Hellen stehen. Danach wird der abfiltrierte Erkältungstrank mit dem Moosachat wieder zurück in die Flasche gefüllt und mit dem Honig ergänzt. Nach 14 Tagen ist der Erkältungstrank gebrauchsfertig.

Moosachat regt die Nieren, die Leber, den Magen und die Bauchspeicheldrüse an und fördert den Zellstoffwechsel. Er hilft bei hartnäckigen Infektionen, wirkt stärkend auf die Immunkräfte, fiebersenkend, entzündungshemmend und schleimbildend, so dass sich ein hartnäckiger Husten löst und abgehustet werden kann. Dosierung: Bei Erkältungen dreimal täglich zwei Esslöffel, vorbeugend einmal täglich ein Schnapsgläschen voll.

Der grüne Aventurin fördert das Wachstum von Haut und Bindegewebe und hilft daher bei Gewebeschäden, allergischen Hauterkrankungen und Ausschlägen. Er stimuliert die Nieren, die Nebennieren und die Thymusdrüse. Auch bei Leiden psychosomatischen Ursprungs übt ein Elixier mit grünem Aventurin einen positiven Einfluss aus, indem es auf Emotionen und das Denken besänftigend, lindernd und heilend wirkt. In Verbindung mit den „Nierenkräutern" wie Brennnessel, Hauhechel und Wacholderbeeren wirkt dieser

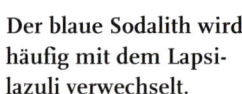

Der blaue Sodalith wird häufig mit dem Lapislazuli verwechselt.

Kräuterhexentrank wassertreibend, entgiftend und entschlackend, was sich positiv auf das Hautbild auswirkt. Der richtige „Geist" für die Frühjahrskur. Dosierung: Zweimal täglich 20 bis 30 ml einnehmen.

Mein Tipp: Sie können auch getrocknete Kräuter verwenden. Dosierung: 40 g Brennnesselblätter und 10 g getrocknete Petersilienwurzel. Achtung! Nicht anwenden bei eingeschränkter Nierenfunktion!

Hopfen-Melissen-Trank gegen nervöse Verdauungsstörungen (links). Ein Trank für ganz besondere Gelegenheiten! Liebestränke haben jahrhundertealte Tradition (rechts).

Hopfen-Melissen-Geist mit Sodalith

Die Zutaten:
- 20 g Hopfenzapfen
- 6 Zweige Zitronenmelisse
- Schale einer Zitrone
- 1 Zimtstange
- 4 Sternanise
- 10 g Anisfrüchte
- 10 g Fenchelfrüchte
- 1 Liter Wodka
- 1 Sodalith

So wird's gemacht:
Die getrockneten Hopfenzapfen, die frische Zitronenmelisse und die Zitronenschale in eine große Flasche geben. Die Anis- und Fenchelfrüchte in einem Mörser anstoßen und zusammen mit dem Zimt und den Sternanisen zu den

Ein Granat zur „Feuertaufe"

Kräutern in die Flasche füllen. Mit dem Wodka auffüllen und drei Wochen im warmen Zimmer stehen lassen. Die Flüssigkeit hat sich dann lindgrün gefärbt. Nun den Ansatz durch ein Mulltuch abfiltrieren und in die Flasche zurückgießen. Den Sodalith dazugeben und noch einmal drei Monate stehen lassen. Wer möchte, kann den fertigen Ansatz nach Geschmack mit etwas Honig süßen.

Der blaue Sodalith (= Natriumstein) hat auf den Menschen einen stark erdenden Effekt. Ein Sodalith-Elixier bringt das Unterbewusste und Bewusste miteinander in Verbindung und ins Gleichgewicht. Es löst Schuldgefühle auf und ermöglicht es uns auf diese Art und Weise, zu den eigenen Gefühlen zu stehen und sie zu leben. Sodalith regt an, sich von einengenden Vorstellungen, Dogmen, Regeln und Gesetzen zu verabschieden. Er wirkt zudem kühlend, blutdrucksenkend und immunkräftestärkend. Ich habe ihn für meinen beruhigenden und verdauungsfördernden Hopfen-Melissen-Geist ausgewählt, um die Wirkung der Beruhigungskräuter Hopfen, Melisse, Fenchel und Anis zu verstärken.

Dieser sehr bittere Trank ist besonders für einen nervösen und gestressten Magen zu empfehlen. Dosierung: Zweimal täglich ein Schnapsgläschen voll vor dem Essen.

Liebestrank mit Granat

Die Zutaten:
- 50 g geschnittenes Potenzholz (*Muira puama*)
- 10 g frische Ingwerwurzel
- 200 g Himbeeren
- 1 Vanilleschote
- 100 g abgezupfte Rote Johannisbeeren
- 3 Sternanise
- 1 roter Granat (Rohstein)
- 1 Liter Obstbrand
- 6 Esslöffel Akazienhonig

So wird's gemacht:
Das Obst waschen und trocken tupfen. Die Ingwerwurzel in kleine Stückchen schneiden und die Vanilleschote aufschlitzen. Alle Zutaten bis auf den Honig in eine ausreichend große Flasche geben und mit dem Obstler auffüllen. Acht Wochen im Hellen stehen lassen, dann abfiltrieren. Die jetzt rote Flüssigkeit mit dem Granat zurück in die Flasche füllen und den Honig dazugeben. Nach 14 Tagen ist der Liebestrank „einsatzbereit".

Roter Granat verschafft Feuer und Tatkraft – er gilt als klassischer Krisenstein. Er stärkt die innere Flamme, fördert das Selbstvertrauen, Willensstärke und Lebensfreude und schenkt Mut. Granat beseitigt unnötige Hemmungen und Tabus, die bei sexuellen Problemen häufig eine Rolle spielen, und sorgt daher für eine aktive Sexualität und hilft auch bei Potenzproblemen. Granat beschleunigt den Kreislauf und kann blutdruckerhöhend wirken. Sie sollten diesen Liebestrank, trotz aller seiner Vorteile nicht überdosieren, denn weniger ist auch hier mehr. Bei Bedarf reichen täglich zwei Schnapsgläschen voll.

Mein Tipp: Potenzholz erhalten Sie in der Apotheke. Dieser Liebestrank ist übrigens für „beide" gedacht! Er wird jedoch zudem sehr gerne als Geschenk überreicht (als Wink mit dem Zaunpfahl). Denken Sie daran und füllen ihn am besten in kleine Fläschchen.

Von diesem Hexentraumlikör kann man wirklich nur träumen oder ihn selber machen.

Hexentraumlikör mit Rubin (oben) und Duftrosen

Kräuterhexentraumlikör mit Rubin

Die Zutaten:
- 15 stark duftende Rosenblüten
- 200 g Himbeeren
- 10 frische Verbenenblätter
- 10 g getrocknete Hibiskusblüten
- 1 Vanilleschote
- 20 ml Rosenhydrolat (Duplex oder Triplex)
- $^1/_4$ Liter Cognac
- $^3/_4$ Liter Mirabellenbrand
- 6 Esslöffel Akazienhonig
- 1 Rubin

So wird's gemacht:
An einem warmen aber bedeckten Sommertag die Rosenblüten schneiden und auszupfen. Sofort in eine große Weithalsflasche füllen. Die Vanillestange auskratzen und mit den geschnittenen Verbenenblättern, den Hibiskusblüten,

den Himbeeren und dem Rosenhydrolat hinzufügen, mit Alkohol aufgießen. Den Rubin, er sollte nicht zu klein sein, dazugeben und die Flasche gut verschließen. Nach vier Wochen die Flüssigkeit abseihen und mit dem Rubin und dem Honig wieder in die Flasche füllen. Nach drei Wochen ist dieser Likör fertig zum Genießen. Ein Rubin wirkt erwärmend, verjüngend, bringt Schwung und Bewegung ins Leben. Er belebt, reißt aus Lethargie und Erschöpfung und regt zu aktiver Sexualität an. Rubin macht wach, leistungsfähig, aktiv, mutig, impulsiv und spontan.

Der Auszug aus Duftrosen wirkt im seelischen Bereich harmonisierend, ausgleichend, öffnend, und manchmal auch aphrodisierend und im körperlichen Bereich entkrampfend, beruhigend, entzündungshemmend und stoffwechselanregend. Sie sollten diesem wertvollen Trank daher nur zu ganz besonderen Gelegenheiten kredenzen!

Thymianschnaps mit Bernstein

Die Zutaten:
- ▶ 6 Zweige frischer Gartenthymian
- ▶ 3 Blütenköpfchen Quendel
- ▶ 10 frische Salbeiblätter
- ▶ 3 große Blätter Basilikum
- ▶ Schale einer halben Zitrone
- ▶ 8 Tropfen ätherisches Zitronenöl
- ▶ 6 Tropfen ätherisches Lavendelöl
- ▶ 1 Liter Obstler
- ▶ 1 klarer Naturbernstein

So wird's gemacht:
Alle Kräuter und die Zitronenschale in eine große Flasche geben und mit dem Obstler auffüllen. Den Bernstein einlegen und das Zitronen- und Lavendelöl tropfenweise dazugeben. Zwei Monate an einem warmen Platz stehen lassen. Täglich schütteln, danach abfiltrieren und den Bernstein wieder in die Flasche mit dem Ansatz zurückfüllen. Noch einmal vier Wochen ruhen lassen.

Bernstein ist ein fossiles Kiefernharz. Man glaubte früher, dass Bernstein erstarrtes Sonnenlicht wäre oder aber die versteinerten Tränen der Götter. Heutzutage wissen wir zwar genau, wie Bernstein entstand und aus was er besteht, die „sonnige" Ausstrahlung ist aber nach wie vor vorhanden.

Thymianschnaps kann durchaus vorbeugend getrunken werden. Bernstein (unten)

Ich staune immer wieder über die Vielfalt der Kristalle.

Auf Grund der vielen Heilwirkungen wie Zellreinigung, Stärkung des Nervensystems, Aktivierung von Leber, Galle und Nieren, Stärkung des Lungen-, Herz- und Halsbereiches, die Förderung der Funktion der weißen Blutkörperchen, die Stärkung der Abwehrkräfte generell und die Vitalisierung des Körpers allgemein, habe ich dieses Gold des Nordens zu meinem absoluten Favoriten unter den Edelsteinen erklärt. Sie werden mich daher nur selten ohne Bernstein antreffen. Bernstein macht froh, aktiv, kreativ, extrovertiert und stimuliert das konstruktive und positive Denken. Er schenkt große Ruhe und Sicherheit. Alles Dinge, die so glaube ich, jeder von uns gebrauchen kann. Ein Bernstein-Elixier in Verbindung mit den klassischen desinfizierenden und entzündungshemmenden Kräutern wie Thymian, Salbei, Quendel, Basilikum und Zitrone stellt somit ein wohltuendes „Lebenswasser" für alle Fälle dar. Dosierung: Zweimal täglich ein Schnapsgläschen voll.

Teufelsaustreiber mit Amethyst

Die Zutaten:
- 6 Blütenstiele echtes Johanniskraut
- 6 Blütenköpfe Oregano (= Dost)
- 20 g Dillfrüchte
- 2 Stängel frische Pfefferminze
- 1 Zweig Rosmarin
- 20 g getrocknetes Tausendgüldenkraut
- 100 g Krümelkandis
- 1 Liter Obstler
- 1 Amethyst (Rohstein)

So wird's gemacht:
Alle Frischkräuter kurz abwaschen und trocken tupfen. Die Dillfrüchte im Mörser anstoßen und zusammen mit dem Tausendgüldenkraut in einen Teefilterbeutel geben und diesen zubinden. Alles zusammen in eine große Flasche geben und mit dem Obstler auffüllen. Den Amethyst dazugeben und den Ansatz zwei Monate im warmen Zimmer stehen lassen. Danach den Teebeutel herausnehmen und alle Kräuter bis auf

Zwei „klärende" Bergkristalle

jeweils einen Stängel entfernen. Den Kandis dazugeben und noch einmal vier Wochen ziehen lassen, dabei täglich schütteln, damit sich der Zucker auflöst. Gegen die bösen Geister im Bauch täglich zweimal ein Schnapsgläschen voll trinken.

Der violette Amethyst symbolisiert geistige Kraft und Umsetzung. Das Amethyst-Elixier fördert gute geistige Eigenschaften wie Ehrlichkeit, Aufrichtigkeit und Hingabe. Es unterstützt, das Leben so wie es ist zu akzeptieren. Amethyst wirkt antiseptisch und blutreinigend.

„Dill, Dosten und Johanniskraut", so sagt ein alter Spruch, „vertreiben böse Geister, Hexen und Dämonen." Ich habe diese alte Überlieferung zum Anlass genommen, meinen Teufelsaustreiber mit diesen Kräutern anzusetzen. Der Amethyst verstärkt durch seine Wirkung diesen speziellen Trank. Der Name Amethyst stammt aus dem Griechischen (= a-methystos) und bedeutet „unberauscht"! Er wurde verwendet um den Auswirkungen des Alkoholgenusses entgegen zu wirken

Dies bedeutet allerdings nicht, dass Sie diesen Kräuterhexentrank im Übermaß trinken sollen, denn sonst holt Sie der Teufel vielleicht doch noch!

Rosmaringeist mit Bergkristall

Die Zutaten:

- ▶ 3 große, blühende Rosmarinzweige
- ▶ 1 unbehandelte Limette
- ▶ 1 Liter Wodka
- ▶ 1 Bergkristall (Doppelender)

So wird's gemacht:

Die Rosmarinzweige in eine Flasche stecken, die Limette schälen und klein schneiden. Die Schale, Fruchtstückchen und Bergkristall in die Flasche geben. Mit Wodka aufgießen und acht bis zehn Wochen im warmen Zimmer stehen lassen. Rosmaringeist muss nicht abfiltriert werden.

Der klare Bergkristall fördert die Funktion des Nervensystems, den Energiefluss im Körper, Klarheit, Neutralität und Selbsterkenntnis.

Rosmarin wirkt anregend und ist daher besonders für Morgenmuffel geeignet. Er wirkt stark keimtötend, schmerzlindernd, durchblutungsfördernd, blutdrucksteigernd, stoffwechselanregend und geistig anregend, Gedächtnis stärkend und konzentrationsfördernd.

Ein Teufelsaustreiber gegen alle bösen Geister, die sich im Bauch befinden.

Ein Amethyst als „Stufe"

Meine Hexenkräuter von A–Z

Für Liköre, Schnäpse und Elixiere

Die wichtigsten Kräuter

Geordnet nach deutschen Pflanzennamen

Ich möchte Ihnen in diesem Kapitel einige bekannte und weniger bekannte Kräuter und Pflanzen vorstellen, die ich gerne für die Zubereitung meiner Schnäpse, Liköre und Elixiere verwende und empfehle.

Anis

Zu den jahrtausendealten Nutzgewächsen gehört auch der Anis. Sowohl in Europa als auch in Nordafrika, Südamerika und Indien wird dieses Kraut zu Heil- und Würzzwecken angebaut. Von den Römern ist bekannt, dass sie Aniskuchen nach ihren üppigen Festmählern anboten, um die Verdauung zu fördern und Blähungen zu lindern. Anisbrot und -kuchen werden bis zum heutigen Tag hergestellt, und der Anis ist nach wie vor eines der wichtigsten Bestandteile bei der Herstellung von Likören und Kräuterschnäpsen.

Hätten Sie gedacht, dass Baldrian eine solch schöne Staude ist? Und rechts die „duftende" Baldrianwurzel

Es gibt auch eine ganze Reihe reiner Anisschnäpse. Das ätherische Anisöl wirkt gegen Magenverstimmungen, wirkt Schlaf fördernd, erfrischt den Atem und lindert trockenen Husten. Es ist darüber hinaus auch ein gutes antiseptisches Mittel und wird häufig zur Geschmacksverbesserung, zum Beispiel für Teemischungen und Zahnpasta, verwendet. Anisfrüchte sollten vor dem Gebrauch als Tee oder alkoholischer Auszug im Mörser angestoßen werden.

Anis kann im eigenen Garten angebaut werden. Der Boden sollte wasserdurchlässig und kalkhaltig sein. Die sonnigste Stelle ist gerade gut genug, da die Samen nur bei sehr heißen Sommern im August reifen.

Die Samen der Doldenblütler unterscheiden sich besonders durch ihren Duft, hier Anissamen.

Baldrian

Baldrian wurde früher doch tatsächlich zur Parfümierung zwischen die Kleider gelegt. Das ist heutzutage unvorstellbar, denn ich habe die Erfahrung gemacht, dass die meisten Menschen, die mit dem Duft von Baldrian konfrontiert werden, dies eher als eine Beleidigung für ihr Riechorgan empfinden. Aber der Gestank des Mittelalters ließ offensichtlich selbst den Baldrian als wohlriechend erscheinen.

Es ist zu vermuten, dass die botanische Bezeichnung *Valeriana officinalis* von dem Wort „valere" (= gesund sein) abgeleitet wurde, da der Baldrian bereits seit 400 vor Christus als Heilpflanze eingesetzt wird. Bis auf den heutigen Tag ist seine stark beruhigende, antidepressive und krampflösende Wirkung bekannt und geschätzt. Er hilft bei vielen Erkrankungen des Nervensystems, vermindert Schmerz, fördert den Schlaf und verringert das Gefühl von Stress und Überanstrengung. Aber auch hier spielt die Dosis eine nicht unerhebliche Rolle. Bei zu langer Anwendungszeit in zu hohen Dosen bekommen Sie Kopfschmerzen und fühlen sich benommen. Das wäre dann eher eine unangenehme Nebenwirkung. Die Anwendung gegen Bisse und Stiche von giftigen Tieren gehört Gott sei Dank der Vergangenheit an.

Nach wie vor übt jedoch der Baldrian eine magische Anziehungskraft auf Katzen aus, so dass Sie bei der Herstellung eines nervenstärkenden Heilschnapses aus Baldrianwurzeln unbedingt auf eine katzenfreie Zone achten sollten.

Bärlauch

Es gehört seit vielen Jahren zu meinen liebsten Beschäftigungen, Anfang März in den Wald zu gehen und nach einem meiner Lieblingskräuter, dem Bärlauch, Ausschau zu halten. Schon die ersten

Auch Bärlauchwälder sind an ihrem Duft zu erkennen.

zarten Blättchen werden von mir gepflückt und als traditionelle Frühlingsspeise mit Butter und Brot aufgetischt. Die stark nach Knoblauch riechenden

und schmeckenden Pflanzen lieben die frischen, zum Teil nassen Laub- und Auenwälder mit ihrer leichten Humusdecke.

Für den Bärlauchansatz mit Alkohol brauche ich Blätter und Zwiebeln, so dass es am besten ist, diese mit einer Schaufel oder Grabegabel auszugraben, denn bei dem Versuch, die Zwiebeln herauszuziehen, brechen sie ab. Bärlauch eignet sich hervorragend für die „wilde Frühlingsküche" in Form von Suppen, Salaten, Pfannkuchen, Spinat, zu Quark und als Zugabe zu einem Knödelteig. Die Erntesaison dauert von Anfang März bis Ende April. Wenn der Bärlauch blüht, sind die Blätter ungenießbar, daher sollte man sich einen Teil für den Jahresbedarf einfrieren oder als Pesto verarbeiten.

Bärlauch wirkt desinfizierend auf Magen und Darm und stark blutdrucksenkend. Diese Tatsache macht einen Bärlauchschnaps für Menschen, die unter einem zu hohen Blutdruck leiden, besonders wertvoll.

Bei der Brombeerernte dauert es etwas länger, bis der Korb voll ist.

Brombeeren reifen nach und nach.

Bohnenkraut

Der botanische Name *Saturea hortensis* stammt vom lateinischen Wort „satyrus" (= Satyr) und weist auf seine Anwendung als Aphrodisiakum hin. Das Kräutlein des Glücks kommt in zweifacher Ausführung vor: das einjährige Sommerbohnenkraut und das ausdauernde Berg- oder Winterbohnenkraut.

Der aromatische Duft und die Inhaltsstoffe dieser Pflanze, die übrigens zu meinen Favoriten gehört, eignen sich hervorragend für Bohnengerichte und andere etwas schwer verdauliche Speisen. Es gibt auch Rezepte, die eigens wegen dieses sehr würzigen Aromas kreiert wurden. Mit Bohnenkraut aromatisiert man zum Beispiel Pasteten,

Soßen, Eier, Fisch und Fleisch. Bohnenkraut ist nicht zuletzt für die Herstellung von Heil- und Genussträkken auf alkoholischer Basis unerlässlich, selbst Parfüms werden mit ätherischem Bohnenkrautöl zusammengestellt.

Innerlich bringt das Bohnenkraut nicht nur das Sexualleben (in leichten Fällen), sondern auch den Magen wieder in Ordnung, es lindert Blähungen und wirkt wassertreibend. Viele Heilschnäpse werden durch die Zugabe von Bohnenkraut aromatisiert, wobei hier auch das ätherische Bohnenkrautöl Verwendung findet.

Brombeeren

Der Brombeerstrauch, ursprünglich aus Europa, ist heutzutage auf der ganzen Welt verbreitet. Man findet ihn in Wäldern, Strauchhecken auf Ödland, an Feldrainen, Ufern und als veredelte Zuchtform in den Gärten, und das sogar ohne Dornen. Brombeeren werden auch heute noch gerne als unüberwindbare Hecke zusammen mit anderen einheimischen Gehölzen angepflanzt. Durch ihre Dornen gewährt die Brombeerpflanze so manchem Vogel und Kleingetier Schutz.

Die aromatischen Beeren werden schon seit alters gerne roh genascht oder man stellt Marmeladen, Gelees oder Soßen daraus her. Ich erinnere mich daran, dass es früher in meinen Sommerferien auf dem Land Sitte war, den täglichen Spaziergang entlang der wilden Brombeerhecken durchzuführen, um dann mit verkratzten Armen und Beinen, aber mit einem Korb voller Brombeeren nach Hause zu kommen. Heute wird im Garten geerntet und das möglichst unverletzt! Nichtsdestotrotz ist der Geschmack vollreifer Brombeeren einfach herrlich, und sie eignen sich daher hervorragend für die Herstellung so mancher alkoholischen Spezialität. Wichtig ist es jedoch auch hier, Geduld mitzubringen, um nur die besten Exemplare zu verarbeiten, denn die Brombeeren reifen nicht alle gleichzeitig. Zur Geschmacksabrundung können sogar einige Blätter mit eingelegt werden.

Brombeerblätter besitzen einen hohen Gerbstoff- und Vitamin-C-Gehalt, so dass sie gegen Durchfall, gegen Hämorrhoiden, bei Blasenentzündungen und zum Gurgeln als Mundwasser Verwendung finden.

Unscheinbar, aber oho! Das Bohnenkraut

197

Dillblüten: Ich würde mich über einen solchen Anblick in meinem Garten freuen.

Dill

Dill gehört zu jenen Kräutern, die mich jedes Jahr wieder aufs Neue ärgern wollen. Ich kann dieses einjährige Kraut aussäen so oft ich will, es straft mich mit Verachtung, indem es einfach nicht oder nur mangelhaft aufgeht und wächst. In anderen Gärten wächst es um so üppiger und sät sich sogar von selbst aus. Dabei liebe ich den frischen Duft von Dill und verwende ihn auch sehr gerne in der Küche. Das geht auch so lange gut, wie ich ihn in Töpfen oder Kästen aussäe, sobald ich aber die zarten Pflänzchen in mein Kräuterbeet setze, ist es aus mit dem Traum von großen, kräftigen und aromatisch duftenden und blühenden Dillpflanzen. Ganz zu schweigen vom „Samen des Merkur". Unter dieser Bezeichnung stand

der Dill im Volksglauben im Ruf, bösen Zauber zu verhindern und Tod und Teufel zu vertreiben.

Es bleibt mir daher nichts anderes übrig, als meinen Dillbedarf aus anderen Gärten zu decken, um ihn dann als Gewürz oder Tee in stimulierender, abführender, magenwirksamer und Milch bildender Wirkung anzuwenden. Hoch dosierte wässerige Dillessenz wird zur Linderung von Verdauungsstörungen, Blähungen und Koliken hergestellt und wirkt außerdem schlaffördernd bei Babys und Kleinkindern. Für die Erwachsenen gibt es einen Teufelsaustreiber aus Dill, Dost und Johanniskraut auf alkoholischer Basis (siehe Seite 190).

Engelwurz

Die echte Engelwurz wird – als Pflanze der nördlichen Zonen – in den Kräuterbüchern des Mittelalters als Mittel gerühmt, welches Gift austreiben kann. Man verwendete sie daher gegen die Pest, gegen Geschwülste, Herzschwäche, Lungenleiden und andere Krankheiten, die auf die Anwesenheit von Gift und bösen Geistern zurückzuführen waren.

Dieses imposante Gewächs, das immerhin eine Höhe von bis zu zwei Metern erreichen kann, finden wir in feuchten Wäldern, an Waldrändern, an Gräben und in Schluchten. Die alte Heilpflanze gehört zur Familie der Doldenblütler, die auch mit giftigen Vertretern aufwarten kann, daher sollte man die „Angelika" genau kennen, wenn man sie selbst sammeln möchte.

Die jungen Stängel und Blattstiele können als Gemüse gekocht werden. Die eigentlichen Heilstoffe sitzen in der Wurzel und das sind in der Hauptsache

Eine Wurzel der besonderen Art – die Engelwurz

ätherische Öle, Bitter- und Gerbstoffe. Die Engelwurz gehört daher zu den verdauungsfördernden und krampflösenden Tonika. Die ganze Pflanze riecht aromatisch und gilt als Mittel gegen Zauberei. Früher schützte man Kinder mit einem Amulett aus der Engelwurz, damit sie nicht von allen guten Geistern verlassen werden würden. Es geht auch die Sage, dass diese „zauberhafte" Wurzel gegen angezauberte Impotenz helfen soll! Wieder andere berichten, sie würde hellsichtig machen.

Nun ja, ich verwende sie als Bitterdroge in meinen starken Verdauungstränken,

um die bösen Plagegeister aus dem Bauch zu vertreiben. Was die anderen Nebenwirkungen betrifft, so lassen Sie sich einfach überraschen!

Estragon

Dieses Kraut aus der Familie der Artemisien, zu denen übrigens auch Wermut, Beifuß und Eberraute zählen, kam vermutlich mit den Kreuzzügen nach Mitteleuropa. Estragon war ein wichtiges Heilkraut gegen den Biss giftiger Tiere. Ob es allerdings funktioniert hat, darüber schweigen die Bücher. Zum Glück gibt es heute andere Mittel, desgleichen hat bei uns die Anzahl giftiger und beißender Tiere enorm abgenommen.

Mit dem Estragon ist es so eine Sache. Es gibt nämlich zwei Arten, einen russischen und einen französischen, die äußerlich für einen Laien nur schwer zu unterscheiden sind. Aber spätestens

Beim Kauf von Estragon machen Sie am besten eine Riechprobe.

199

beim Geruch werden Sie den Unterschied feststellen. Im Vergleich zum russischen ist der französische Estragon wesentlich aromatischer. Er wird neuerdings auch als deutscher Estragon angeboten.

Für Heil- und Würzzwecke ist in erster Linie der westeuropäische Estragon zu empfehlen. Sein Aroma erinnert etwas an Anis mit einer leichten Schärfe. Dieser feinere Estragon ist allerdings nicht überall winterhart und kann zudem nur aus Wurzelablegern vermehrt werden. Die Blüten des Estragons sind eher unscheinbare kleine Kügelchen in den Blattachseln. Die feine Würze des Estragons macht ihn in der Küche für Geflügel, Soßen und zum Einfrieren von Sauergemüse aber auch für einen reinen Kräuteressig außerordentlich wertvoll. Ich verwende ihn wegen seiner milden

Um an die ätherischen Öle von Anis, Fenchel und Kümmel zu kommen, müssen diese im Mörser gestoßen werden.

verdauungsfördernden und appetitanregenden Wirkung in meinen milden Kräuterschnäpsen ohne Bitterstoffe.

Fenchel

Das „Mutter-und-Kind-Kraut" Fenchel finden wir wild verbreitet und angebaut im Mittelmeergebiet und Vorderasien. Auch in unseren Gärten entdeckt man ab und zu Fenchelstauden, die aber in erster Linie als Knollenfenchel in der Küche Verwendung finden. Die heilkräftigen Inhaltsstoffe des Fenchels befinden sich jedoch in den Samen. Fenchelsamen wirken verdauungsfördernd, blähungstreibend und Milch bildend – daher meine Bezeichnung „Mutter-und-Kind-Kraut".

Der süßliche, anisartige Geschmack gibt Marinaden für Fleisch- und Fischgerichte eine besondere Note und hilft darüber hinaus noch bei der Verdauung solcher fetthaltiger Speisen. Auch Gebäck und Kuchen werden zum Teil mit Fenchel gewürzt. Die Verwendung der Fenchelsamen in alkoholischen Zubereitungen wie Likören und Schnäpsen

Fenchelsamen: Sehen Sie einen Unterschied zum Anis?

hat eine ebenso lange Tradition wie die Verwendung des ätherischen Fenchel-öls bei der Herstellung von Seifen und Parfüms.

Generell ist Fenchel eine hervorragende Verdauungshilfe, so dass ich ihn häufig für milde Aperitifs oder Digestifs verwende. In meinen Kräutergärten habe ich eine besondere Zuchtform des Fenchels, nämlich den Bronzefenchel, angebaut. Von dieser Pflanze schmecken alle Teile – das heißt Blätter, Stängel und Samen – intensiv nach Lakritze, so dass ich für meine Schnäpse die ganze Pflanze verwenden kann. Er scheint sich bei mir auch recht wohl zu fühlen, denn er sät sich an allen Ecken und Enden selbst aus. Wenn Sie an solch einer Pflanze interessiert sind, hier der botanische Name: *Foeniculum vulgare* 'Purpurascens'.

Himbeeren

Himbeersträucher wachsen ähnlich wie die Brombeeren in Wäldern, auf Kahlschlägen, auf Steinschutthalden, an Gräben und Wegrändern. Die Himbeere ist ein äußerst wertvoller Strauch, da Blätter, Blüten und Früchte verwendet werden können. Himbeerblättertee wirkt adstringierend, abschwellend und lindert als Kompresse Augenentzündungen. Himbeerblätter helfen, die Geburt zu erleichtern, indem sie die Muskeln anregen und kräftigen. Die Himbeerfrüchte werden zu Marmeladen, Gelees, Sirup oder mildem Himbeeressig verarbeitet.

Hierfür wie auch für alkoholische An-

Himbeeren sind sehr lecker, werden jedoch auch gerne von tierischen Bewohnern heimgesucht.

sätze eignen sich in erster Linie die Gartenhimbeeren, da die Früchte wesentlich größer sind als die der Wildform. Kontrollieren Sie beim Sammeln den Beereninhalt, denn so manches Würmlein lässt es sich in den Früchtchen gut gehen. Himbeeren sollten möglichst nur kurz abgebraust werden, da sie durch ihre Samthaut sehr empfindlich sind und sehr schnell zermatschen. Für die Zubereitung von Likören mit Himbeeren sollten möglichst die vollreifen frischen Früchte verwendet werden, da

Nur die reifen Beeren des Schwarzen Holunders sind genießbar.

Tiefkühlware nicht das entsprechende Aroma besitzt. Ich schreibe dies nur deswegen, da es Menschen gibt, die es sich auf diese Art und Weise sehr bequem machen möchten. Sie werden mit tiefgekühlten Himbeeren jedoch nur ein sehr enttäuschendes Ergebnis erzielen.

Holunder

Der Holunder wächst als Strauch oder Baum in ganz Europa, Westasien, Nordafrika und Nordamerika. Unzählige Sagen und Legenden ranken sich um diesen „Fliederstrauch", wie er in den nördlichen Gebieten auch genannt

wird. Er war früher als Hausbaum in jedem Bauerngarten zu finden, denn in ihm wohnt der gute Hausgeist, den wir auch als Frau Holle kennen. Außerdem diente er als lebende Hausapotheke, denn sowohl die Blüten, die Früchte, die Rinde als auch das Holz wurden für Heilzwecke beziehungsweise für Rituale gebraucht. Holunderholz galt als Symbol für Tod und Sorgen. Aus diesem Grund bestand wohl der Zollstock des Totengräbers aus Holunderholz.
Uns interessieren jedoch in erster Linie die Blüten und die Früchte, damit wir diese zu eher heilsamen Zwecken einsetzen können. Die Blüten erscheinen im Frühsommer und werden als ganze

Dolde geschnitten und getrocknet, um einen schweißtreibenden Tee daraus herzustellen. Der wohlschmeckende Holunderblütensirup und der leckere Holunderblütenlikör werden jedoch aus den frischen, in voller Pracht stehenden Blüten hergestellt. Die Früchte werden dann vollreif im Hochsommer bis Herbst geerntet, wobei man darauf achten muss, dass alle noch grünen Beeren vor der Verarbeitung entfernt werden müssen. Sie können Durchfall und Unwohlsein hervorrufen, da sie nicht ganz ungiftig sind. Die Verwendung von Holunderblüten in alkoholischen Getränken wie Wein oder Schnaps kann man obendrein unter dem Aspekt der Volkserotik sehen. In Thüringen hieß es früher: „Auf Johannistag blüht der Holler – da wird die Liese noch toller!"

Man sagt, unter dem Hollerbusch habe man besonders schöne Träume.

Hopfen

Hopfen wächst enorm in die Höhe und blüht in den oberen „Regionen".

Wer's mit dem Holler zu bunt treibt, kann sich mit Hopfen beruhigen. Und zwar mit den weiblichen Blütenständen, den Hopfenzapfen. Diese werden schon seit alters wegen ihrer beruhigenden Wirkung geschätzt.

Der hohe Bitterstoffgehalt des Hopfens sorgt für eine gute Verdauung, hilft bei Gelbsucht, Magen- und Leberbeschwerden. Dann allerdings nur als Hopfentee, denn eine geschädigte Leber darf nicht zusätzlich mit Alkohol „bombardiert" werden. Kinderärzte empfehlen heutzutage auch wieder Hopfenbäder für allzu lebhafte Kinder mit Einschlafstörungen. Wenn Sie Schnaps mit Hopfenblüten ansetzen möchten, so sollten es immer die ganzen Zapfen sein, wobei hier bereits kleine Mengen für ausreichend „Bitterkeit" sorgen. Hopfenschnaps sollte daher nur als Heiltrank angesehen und verdünnt getrunken werden. Als Geschmacksverbesserer

Rote Johannisbeeren können als Strauch oder Hochstämmchen gezogen werden.

eignen sich Anis oder Fenchel, wobei durch deren Zugabe die verdauungsfördernde Wirkung noch unterstützt wird.

Johannisbeeren

Die Schwarze Johannisbeere ist eine wichtige Heilpflanze. Früher kam sie in feuchten Gebüschen und Auwäldern noch häufig wild vor, sie ist in der Zwischenzeit jedoch sehr selten geworden und steht auf der „Roten Liste". Die Blätter enthalten reichlich Gerbstoffe, ätherisches Öl und Rotin. Die Beeren besitzen einen hohen Vitamin-C-Gehalt. Johannisbeerblättertee benutzte man äußerlich zum Gurgeln bei Halsschmerzen und Zahnfleischbluten. Innerlich verwendete man ihn als Mittel gegen Wassersucht, Husten, Heiserkeit, Gicht, Rheuma und Hämorrhoiden. Die frischen Beeren galten schon immer als Stärkungsmittel bei Fieber, Nieren- und Blasenbeschwerden und Lungenerkrankungen.

Schwarze und Rote Johannisbeeren werden heute zur Herstellung von Marmelade, Likören und Fruchtsäften gebraucht. Ich für meinen Teil kann die Schwarzen Johannisbeeren nicht riechen und nur bedingt schmecken, so dass ich trotz der guten Heilwirkungen einen Bogen um diese Früchte mache. Für meine Liköre verwende ich daher gerne die Roten und Weißen Johannisbeeren.

Johanniskraut

Bei solcher Arbeit ist Naschen erlaubt.

So blüht das Echte Johanniskraut.

Kein echter Kräuterfan kommt an diesem allzeit heiligen Sommerkraut vorbei. Wichtig ist jedoch, dass man das Echte, das heißt das durchlöcherte, Johanniskraut erwischt. Das ist nicht immer eindeutig, denn es gibt eine ganze Reihe von Johanniskräutern in unserer Landschaft. Häufig wird es auch mit dem Kreiskraut verwechselt. Solch einen Irrtum schließt man aus, wenn man die Blüten zwischen den Fingern zerreibt und diese sich dabei rötlichviolett verfärben. Das kommt von dem Hauptwirkstoff Hyperizin. Namen wie Blutkraut, Teufelsflucht, Johannisblut,

Kardamomkapseln haben eine weite Reise hinter sich.

Altblut, Christi Kreuzblut und Herrgottsblut lassen auf das hohe Ansehen dieser Pflanze schließen.

Geerntet wird, wenn das Kraut in voller Blüte steht. Als Tee trocknet man das ganze Kraut mit Blättern und Blüten, für das rote Johanniskrautöl werden nur die frischen Blüten verwendet. Die Anwendungsgebiete für dieses wertvolle Heilkraut liegen alle im beruhigenden und stimmungsaufhellenden Bereich. Johanniskraut eignet sich daher als Tee, Tinktur und alkoholischer Heiltrank für die Stärkung von Geist, Nerven und Magen. Alkoholische und ölige Auszüge aus Johanniskraut färben sich auf Grund des Hyperizins rötlich bis tiefrot.

Kardamom

Schon im frühen Ägypten und später in Griechenland und Rom kannte man den Kardamom. Die Kardamomkapseln stammen von der gleichnamigen Staude, die wiederum zu den Ingwergewächsen zählt. Über die alten Karawanenstraßen gelangte dieses Gewürz dann nach Europa und wird seither auch hier als Gewürz für Kuchen und Backwaren und als Verfeinerung von

Tee und Kaffee verwendet. Heute bekommen wir Kardamom aus Indien, Java, Ceylon und Guatemala. Im Orient und in Indien ist gemahlener Kardamom ein wichtiger Bestandteil der Currymischungen.

Für die Aromatisierung von Likör, Kaffee, Tee, Bowlen und die Verwendung in der Küche eignen sich ausschließlich die grünen Kardamomkapseln, da nur sie den unvergleichlichen süßlichen Duft und das feine Aroma besitzen. Braune Kardamomkapseln sind dagegen eher bitter.

Bevor Sie Ihre Kardamomkapseln in Alkohol einlegen, sollten Sie diese, wie Anis und Fenchel, im Mörser zerkleinern, damit das

Zu Koriander sagt man auch „Wanzenkraut".

ätherische Öl freigesetzt wird. Kardamom wirkt verdauungsfördernd und gibt frisch zerkaut einen guten Atem. Kardamom passt als Gewürz in Verbindung mit Ingwer, Vanille, Zimt, Pfeffer, Zitrusfrüchten und Obst. Als alkoholische Basis eignet sich weißer Rum.

Koriander

Der Koriander war bereits den Ägyptern, den alten Indern und den Chinesen bekannt und gehört bis auf den heutigen Tag zu den wichtigsten Gewürzen der orientalischen Küche. Koriander wird selbst bei uns angebaut und häufig als Brot- und Lebkuchengewürz oder zum Einlegen von Gemüse benutzt.

Die Pflanze stellt wenig Ansprüche an ihren Standort, so dass es jederzeit möglich ist, die im Handel erhältlichen ganzen Koriandersamen in Beete, Kästen oder Töpfen auszusäen. Die Erde sollte locker sein und der Standort sonnig. Bei der Ernte muss man jedoch darauf achten, dass die noch nicht ganz ausgereiften Samenstände geschnitten werden und zum Nachreifen an einen trockenen und luftigen Platz aufgehängt werden. Die reifen Samen streift man dann über einem Tuch ab und gibt sie in

Auch Kümmelsamen stammen von einem Doldenblütler.

ein gut schließendes Gefäß, damit die ätherischen Öle erhalten bleiben. Frische Korianderblätter weden ebenfalls in der Küche verwendet, um speziellen asiatischen und orientalischen Gerichten eine besondere Note zu geben. Bei der Ernte dieser Blätter wird Ihnen dann auch der Begriff „Wanzenkraut" durchaus einleuchtend erscheinen, der „Duft", der Ihnen hierbei in die Nase steigt, ist eindeutig.

Die Koriandersamen sind krampflösend und bringen Erleichterung bei Blähungen und „verklemmten" Winden. Sie werden überwiegend als Gewürz für Kuchen, Pasteten, Pudding, Fruchtspeisen, Süßigkeiten, Kakao, Schokolade und eben Liköre und Elixiere verwendet. Auch bei der alkoholischen Zubereitung machen sich Heil- und Würzkraft sehr angenehm bemerkbar.

Kümmel

Kümmel gehört zu den ältesten Gewürzen der Menschheit. Und das, obwohl der Kümmel in verschiedenen Arten vorkommt, denn der nordeuropäische Wiesenkümmel ist anders wie der Kümmel aus Kleinasien. Die Heilstoffe sind aber die gleichen.

Reichlich ätherisches Öl, fettes Öl, Gerb- und Bitterstoffe machen Kümmel zu einem hervorragenden Verdauer.

Seine ätherischen Öle wirken krampflösend und in Verbindung mit den Bitterstoffen zudem verdauungsfördernd. Was wäre der Aquavit, der Küstenköm oder der Nordländer ohne Kümmel? Aber selbst hier gilt es, die Dosierung einzuhalten, und wenn es noch so gut schmeckt. Einen Magen-Darm-Tee oder einen Milchbildungstee mit Kümmel werden Sie mit Sicherheit nicht überdosieren, denn so gut schmeckt dieser nun wirklich nicht.

Nichts ist mir unangenehmer, als auf Kümmelkörner zu beißen und Men-

So blüht der Kümmel im Sommer.

schen, die zu den „Kümmelspaltern" gehören, gehe ich sehr gerne aus dem Weg. Aber so manche deftige Speise, wie zum Beispiel Kohl- und Zwiebelgerichte, werden durch die Zugabe von Kümmel einfach besser verdaulich. Daher sollten Sie für Ihre Schnapsküche immer ausreichend Kümmel im Haus haben.

Lavendel

Kennen Sie das beliebteste Postkarten-motiv aus der Provence? Riesige La-vendelfelder mit knorrigen Oliven-bäumen im Vordergrund. Klar, dass auf den Postkarten der La-vendel natürlich immer blüht, denn die zum Teil maschi-nell abgeernteten Stau-den erstrahlen im Höchstfall noch silbriggrau und wirken irgendwie rasiert. Aus der einstmals wilden Ge-birgspflanze ist schon längst ei-ne Nutzpflanze geworden und gärtnerische Erfolge sind in den verschie-denen Blütenfarben zu er-kennen, die in der Zwischen-zeit den Lavendelmarkt bereichern.

Die ertragreichste Lav zendelsorte 'La-vandin' wird in erster Linie zur Gewin-nung des ätherischen Lavendelöls ange-baut. Die optimale Tageszeit für die La-vendelernte ist über Mittag bei 35 Grad Celsius und ohne Schatten und daher nicht unbedingt für jeden Menschen ge-sund. Die Anwendung von Lavendel hat eine jahrtausendealte Tradition. Er wur-de verräuchert und ausgelegt, um böse Geister zu vertreiben. Man badete darin und verwendete Lavendelwasser gegen Pest und üble Gerüche. Auch Lavendel-essig ist seit Urzeiten im Gebrauch. Das reine ätherische Lavendelöl wird so viel-fältig eingesetzt, dass ich ihm mindes-tens mein halbes Buch widmen könnte. Es ist eine uralte Vorgehensweise, La-vendel mit Alkohol anzusetzen, damit er innerlich und äußerlich seine Heil-wirkung entfalten kann. Lavendel wirkt antibakteriell, antiseptisch, wundhei-lend, schmerzlindernd, durchblutungs-

Lavendelsträuße sind nicht mehr altmodisch, sondern modern und beliebt.

fördernd und krampflösend. La-vendel lindert oder erzeugt Kopfschmer-zen je nach Veranlagung. Wie bei allen Düften gibt es hier unterschied-liche Reaktionen, was die Mitmenschen betrifft. Ich habe jedoch die Erfahrung gemacht, dass sich viele Menschen mit diesem Kraut nur deswegen umgeben, weil es nach „Urlaub" riecht.

Lorbeer

Lorbeersträucher oder -bäumchen in Töpfen und Kübeln gehören in der Zwischenzeit fast zum Standard einer mediterranen Terrassen- und Gartengestaltung.

Obwohl Lorbeerblätter in unseren nordeuropäischen Küchen eher stiefmütterlich behandelt werden – natürlich mit Ausnahmen, sollten wir ihre verdauungsfördernden Inhaltsstoffe nicht unterschätzen und sie vielleicht doch öfter einsetzen. Mit einem Achtel Lorbeerblatt, wie in einem Lied besungen, ist es aber nun wirklich nicht getan. Dieses Achtel Lorbeerblatt erinnert an die Zeit, als im Mittelalter Gelehrte und erfolgreiche Prüflinge mit einem Kranz aus Lorbeerblättern oder „bacca laurea" gekrönt wurden.

Die wissenschaftliche Graduierung „baccalauréat" in Frankreich und die englische Bezeichnung „bachelor" gehen wohl auf den Lorbeerkranz von einst zurück. Die alten Römer widmeten den Lorbeer sogar dem Gott des Lichtes und bekränzten Kaiser, Generäle und Dichter mit „laurus nobilis", dem edlen Lorbeer. Mancher muss sich aber bis auf den heutigen Tag eben mit einem Achtel eines solchen Blattes begnügen. Aber auch die anderen dürfen sich auf gar keinen Fall auf ihren Lorbeeren ausruhen.

Wir „Schnapsansetzer" haben es da einfacher. Wir versenken die Blätter einfach in Alkohol und genießen die Heilwirkung dieser Pflanze „an Ehren voll" als Aperitif oder Verteiler! Lorbeerblät-

Lorbeerblätter können direkt auf der Terrasse geerntet werden.

ter können getrocknet oder frisch verwendet werden, wobei das intensive Aroma der getrockneten Blätter vorzuziehen wäre.

Wenn Sie ein Lorbeerbäumchen selbst auf der Terrasse kultivieren möchten, um immer über einen ausreichenden Vorrat an Lorbeerblättern zu verfügen, sollten Sie dieses eher wenig gießen und düngen. Lorbeer ist bei uns leider nicht winterhart und muss daher im Haus kühl und hell überwintert werden.

Löwenzahn gehört zu den wichtigsten Heilkräutern.

Löwenzahn

Die „Kuhblume" unserer Fettwiesen gehört zu den wichtigsten und vielfältigsten Heilpflanzen aus unserer Umgebung. Von Löwenzahn kann die Wurzel, das Kraut, die Blätter oder die Blüte geerntet werden. Bereits im Mittelalter wurde er bei Leber- und Gallenleiden, Durchfall, Fieber und als Kosmetikum gegen Sommersprossen und gerötete Haut verwendet. Die jungen Blätter werden heutzutage wieder als Frühlingssalat mit blutreinigender und entschlackender Wirkung geschätzt. Die Aktivität der Leber- und Gallensekretion sowie der gesamte Stoffwechsel werden durch Löwenzahnkraut angeregt. Es hat sich auch bei rheumatischen Beschwerden und Gicht bewährt. Die wassertreibende Wirkung ist ebenfalls landauf, landab bekannt und hat dieser

schönen goldgelben Blume den Namen „Bettpisser" oder „Pissblume" eingebracht.

Auf Grund ihres hohen Gehaltes an Bitterstoffen ist die gesamte Pflanze als verdauungsförderndes Mittel zu empfehlen. Für unsere Schnapsansätze eignen sich die Blüten wegen ihres zarten Aromas besonders gut. Die ausgezupften oder ganzen Blüten ergeben mit ihren leichten Bitterstoffen einen hervorragenden Aperitif auf Weinbrand- oder Weinbasis.

Minzen

Haben Sie sich schon einmal auf die Suche nach der Minze gemacht, die in so manchen Rezepten erwähnt wird? Dann haben Sie mit Sicherheit bemerkt, dass dies ein schwieriges Unterfangen ist, und haben sich ganz schnell mit Pfefferminze zufrieden gegeben.

Wo die Fallschirmchen der Pusteblume wohl landen werden?

Bereits die Griechen und Römer entdeckten die antiseptischen Eigenschaften und die verdauungsfördernde, anregende und kühlende Wirkung dieser vielfältigen Staude. Selbst die liebesanregende Wirkung war bekannt und man warnte die griechischen Soldaten vor dem Gebrauch der Minzen, da man fürchtete, diese Spezialwirkung würde zur Schwächung der Kampfkraft führen. Die Araber hatten damit nie ein Problem und trinken Pfefferminztee bis auf den heutigen Tag auch zur Stärkung der Manneskraft.

Frisch und getrocknet entfaltet die Pfefferminze ihren intensiven Duft.

Frisch eignet sich die Pfefferminze als Tee, für Kräuterschnäpse und Liköre und als ätherisches Öl, um Süßigkeiten, Arzneien, Seifen und Zahnpasten zu aromatisieren. Minzen haben aseptische und örtlich betäubende Eigenschaften, weshalb sie auch als Gurgelmittel eingesetzt werden.

Sieht eigentlich ganz harmlos aus, das Potenzholz, oder?

Hier eine kleine Auswahl „Schnaps geeigneter" Minzen: Krauseminze, Ananasminze, grüne Minze, Apfelminze und eben die Pfefferminze.

Potenzholz

Von allen meinen Hexenkräutern der besonderen Art ist das Potenzholz wohl das unbekannteste. Was hier zu Lande mit Bohnenkraut, Spargel, Pfefferminze, Rosmarin und anderen bewerkstelligt wird, wird bei den Jilbaro-Indianern und einigen ihrer Nachbarvölker mit diesem Wunderholz kuriert. Es ist die innere Rinde eines kleinen Baumes, die frisch gekaut oder getrocknet gekocht wird, um als natürliches Stärkungsmittel und Aphrodisiakum zu dienen. Im südamerikanischen Tiefland brauen die Panukur-Indianer einen Aufguss aus Muira puama bei Impotenz, Frigidität und Zeugungsunfähigkeit.
Da das Potenzholz nicht besonders gut schmeckt, empfiehlt es sich, den Ansatz, sei er nun alkoholisch oder wässerig, mit Honig, Vanille oder Ingwer zu „veredeln".
Übrigens haben neuere Studien aus Paris bestätigt, dass das Potenzholz nicht nur aphrodisierend, sondern auch geistig anregend bei Mann und Frau wirkt. Wenn das nichts ist!

**Wie kleine Sonnen leuchten die Ringel-
blumen im Gartenbeet (oben).
Die Königin der Blumen möchte
geschnitten und nicht gerupft werden
(unten).**

Ringelblume

Die Ringelblume gehört mit ihrem würzigen Aroma und ihren strahlend gelben Blüten zu den Lieblingen in meinem Kräuterbeet. Ähnlich wie die Blüten der Margerite spielt auch die Ringelblume eine wichtige Rolle beim Liebes-
orakel („Er liebt mich, er liebt mich
nicht ..."). Außerdem sah man in ihr ein
Symbol für die blühende und wachsen-
de Liebe. Vielleicht gefällt sie mir deswegen so gut!

Als Heilpflanze wird die Ringelblume
in der Volksmedizin gerne äußerlich
bei schlecht heilenden Wunden, Ge-
schwüren, Verbrennungen und Venen-
problemen in Form von Tinktur oder
Salbe angewandt. Als Zugabe von Le-
ber-, Gallen- und Magen-Darm-Tees
werden die Blüten mit ihren Kelch- und
Blütenblättern verwendet. Die ausgezupften getrockneten Strahlenblüten
verschönern so manche Teemischung
mit ihrem Aussehen und ihrem Geschmack, der ein wenig an Honig erinnert. Da sich die Ringelblume nur bei
schönem Wetter öffnet, kann man sie
auch als Wetteranzeiger gebrauchen. In
manchen Gegenden heißt sie daher
auch „Regenblume".

Ich verwende die Ringelblumenblüten
für meine alkoholischen Ansätze aus
demselben Grund, wie in der Wirkung
als Tee. Durch ihre leichten Bitterstoffe,
ihr ätherisches Öl, ihre Saponine und
Flavonoide wirkt sie krampflösend und
entzündungshemmend und sie sieht
überdies einfach wunderhübsch aus,
auch „beschwipst"!

Rosen & Hagebutten

Die Zahl der Dichter, die die Rose von der Antike bis auf den heutigen Tag zu beschreiben versucht haben, ist endlos. Die Ehrerbietung vor dieser Königin der Blumen nahm zum Teil übermenschliche Formen an.

In einigen Ländern werden noch heute Speisen und Getränke mit Rosenöl und Rosenwasser aromatisiert. Die Rosen für die Gewinnung des kostbaren Rosenöls gehören zu der Familie der Zentifolien. Aber auch unsere europäischen Apfel- oder Essigrosen können zu so manch duftender Rosenspezialität herangezogen werden. Die Blüten werden vormittags geerntet, damit nicht in der Mittagshitze die wertvollen Inhaltsstoffe verloren gehen. Rosenblütentee wirkt

Unter Rosen stellen sich die schönsten Träume von selbst ein.

kühlend und stoffwechselanregend. Weitere Getränkespezialitäten: Rosenbowle, Rosensirup und Rosenlikör. Hagebutten werden zu Tee- und Schnapszwecken verwendet. Wegen ihres hohen Vitamin-C-Gehaltes sind sie hervorragende Beschützer in der kalten Jahreszeit.

Rosmarin

Rosmarin – etwas für Menschen mit schwachen Nerven und labilem Kreislauf

„Ros marinus", der Tau des Meeres, wächst in den Mittelmeergebieten wild an steinigen und warmen Felshängen. Der intensiv duftende und blau blühende Strauch gehört bei uns in der Zwischenzeit zum Kräuter-Standardsortiment. Er muss allerdings als Kübelpflanze gehalten und im Haus überwintert werden.

Rosmarin besitzt ein stark anregendes und durchblutungsförderndes ätherisches Öl. Er wird gerne in der Küche für Würzzwecke verwendet, wobei man

213

Vom Salbei können die Blätter und die Blüten geerntet werden.

hier sehr sparsam zu Werke gehen sollte, da die Würzkraft sehr intensiv ist. Rosmarin macht deftige Gerichte besser verdaulich.

Der Ansatz in Alkohol gehört zu den hochwirksamen Heiltränken bei Durchblutungsstörungen und Nervenschmerzen oder zur Anregung der Verdauung. Hier ein Notfallrezept bei Blutleeregefühl im Kopf: Ein Esslöffel Rosmaringeist mit einem Esslöffel Rosenwasser mischen und mit den Fingerspitzen auf den Schläfen verteilen.

Salbei

Es gibt fast keine Alltagsbeschwerden, die mit Salbei nicht behandelt werden können. Schon der Gattungsname, der aus dem Lateinischen stammt und *„salvere"* lautet, bedeutet retten oder heilen. Der Glaube in die enormen Heilkräfte, die dieser Pflanze inne wohnen, hat wohl zu dieser Bezeichnung geführt. Bei den Römern ging man sogar so

weit, dass man Salbei für ein heiliges Kraut hielt, es könnte nicht nur das Leben retten, sondern es auch neu schaffen. Sterile Frauen mussten vier Tage lang Salbeisaft trinken und jedem Manne fern bleiben, um anschließend schwanger zu werden. So einfach war das in den Tagen Roms. Salbei galt auch als allgemeines Tonikum für Körper und Geist, um beides zu stärken. Vielleicht kam dadurch so mancher „sterile Mann" wieder zu Kräften und wurde Vater.

Bereits im Mittelalter kannte man schon die heutige Indikation für Salbeitee gegen Erkältungen, Halsschmerzen, bei Kreislaufschwäche, für die Rekonvaleszenz, gegen Depression, Anämie und Prüfungsstress. Mit Salbei wurden bereits früher Krankenzimmer ausgeräuchert.

Die wilde Schafgarbe blüht sowohl in Weiß als auch in Rosa.

Eine ganz besondere Bedeutung hat Salbei in der Küche erlangt und er wird daher bereits seit Jahrhunderten als Gewürz geschätzt. Nicht nur der würzige Geschmack, sondern auch die verdauungsfördernde Wirkung dieses Würzkrautes eignet sich hervorragend für die Anwendung bei fetten Fleisch- und Fischgerichten sowie zu Eintöpfen und Suppen.

Ich habe die Erfahrung gemacht, dass gerade bei der Anwendung des Salbeis als Gewürz noch sehr viel Unsicherheit existiert, obwohl die meisten Garten- oder Terrassenbesitzer einen oder mehrere Salbeistauden ihr Eigen nennen. **Daher mein Tipp:** Benutzen Sie Salbei zu allen Speisen und finden Sie so Ihre speziellen Favoriten heraus, denn Salbei ist wirklich gesund und zwar nicht nur als Halswehtee!

Alkoholischen Getränken gibt Salbei seinen würzigen Geschmack und natürlich desgleichen von seinen enormen Heilkräften ab. Salbei in Verbindung mit Thymian zählt übrigens zu den stärksten pflanzlichen Desinfektionsmitteln.

Schafgarbe

Die Schafgarbe ist mehrjährig und wächst bevorzugt auf Wiesen, Weiden und am Wegesrand. Diese eher genügsame Pflanze liebt überwiegend trockene Standorte, um Gerbstoffe, Bitterstoffe, ätherisches Öl und Mineralstoffe ausbilden zu können.

Diese Inhaltsstoffe machen sie zu einer hochwirksamen Arzneipflanze. Schaf-

Ein voller Strauß aus Sommerkräutern: Schafgarbe und Johanniskraut

garbe wirkt blutstillend, krampflösend, hilft bei Leber- und Nierenleiden, bei Hämorrhoiden, Magen- und Darmkrämpfen. Auch als so genannte „Frauenpflanze" wird sie seit Jahrhunderten in der Frauenheilkunde angewendet. Früher legte man das Wöchnerinnenzimmer mit Schafgarben aus, um Mutter und Kind vor Dämonen und Hexen zu schützen. Heute wissen wir auch, dass sie in geringe Mengen das giftige Thujon enthält, das heißt Schafgarbentee sollte nicht über längere Zeit und in höheren Dosen getrunken werden. Ich verwende Schafgarbe in Alkohol für verdauungsfördernde Schnäpse oder verdünnt als Umschlag bei Verletzungen. Im Frühjahr zupfe ich die jungen Blättchen, um sie als Suppen-, Salat- oder Spinatzugabe zu verwenden. Für den Ansatz in Schnaps schneidet man die gerade aufgeblühten Schafgarbenstängel mit Blüten und Blättern zirka zehn Zentimeter lang ab und gibt sie frisch in den Alkohol.

Mein Tipp: Wichtig! Die Gartenzuchtformen der Schafgarbe sind zu Heil- und Schnapszwecken nicht geeignet.

Jetzt ist die richtige Zeit, um Schlehen zu ernten. Sie sollten den ersten Frost schon abbekommen haben (unten).

Schlehe

Wenn der Schlehdorn reichlich blüht, gibt es viele Kinder im folgenden Jahr. Das glaubte man zumindest früher. Nun ja, wenn ich mir so überlege, dass die Schlehen in der beginnenden warmen Jahreszeit blühen, wenn der Boden wieder warm und trocken ist, könnte man solches vermuten. Auf jeden Fall sind die Schlehen wohl das älteste Obstgehölz – dies wird durch Funde von Schlehenkernen in steinzeitlichen Anlagen belegt.

In der Volksheilkunde werden die Blüten als Abführmittel und zur Blutreinigung verwendet, was wohl auf den sehr geringen Blausäuregehalt zurückzuführen ist. Wesentlich wichtiger sind jedoch die Schlehenfrüchte. Sie sind ein hervorragendes Stärkungsmittel nach schweren Krankheiten oder Geburten. Man verwendet sie dann als Mus oder Schlehensaft.

Die Schlehenfrüchte sind aber nach wie vor als Grundlage für Liköre oder Wein sehr beliebt und diese delikate Verwendung kann ich nur wärmstens empfehlen. Und das im wahrsten Sinne des Wortes, denn Schlehenlikör hat tatsächlich eine erwärmende und anregende Wirkung und eignet sich daher besonders für die Wintermonate.

Schlüsselblume

Die Schlüsselblume gibt es auch in zwei „Ausfertigungen". Einmal die Hohe Schlüsselblume der lichten Auwälder und Waldränder und zum Zweiten die niedrige, stark duftende Wiesenschlüsselblume. Sie ist eine typische Pflanze Mitteleuropas und kommt daher in den Ländern südlich der Alpen nicht vor. Daher wird sie in den antiken Pflanzenschriften nicht erwähnt.

216

Für unsere Tränke verwenden wir die einfache Wiesenschlüsselblume.

Die Sternanisfrüchte sind auch eine beliebte Weihnachtsdekoration.

Im Mittelalter wurde sie als herzstärkendes Mittel, aber auch gegen Erkältungen, Harnsteine, Geschwülste und Wunden gebraucht. Heute wissen wir, dass sich die Schlüsselblume durch ihren hohen Saponingehalt für den Einsatz gegen festsitzenden Husten eignet. Die Saponine verflüssigen den zähen Schleim, so dass er abgehustet werden kann. Auch die leicht herz- und kreislaufentlastende Wirkung ist bestätigt.

Die zarten Blätter der Schlüsselblume können mit anderen Wildkräutern zu einer Kräutersuppe verarbeitet werden, wobei das Sammeln nur in Gegenden mit hohem Bestand erlaubt ist, ansonsten steht sie unter Naturschutz.

Für einen Schlüsselblumenlikör verwendet man nur die Blüten der Wiesenschlüsselblume. Sie können aus dem Zuchtstaudensortiment der Gärtnereien im Garten angepflanzt werden.

Sternanis

Der Sternanis stammt aus China. Es ist ein kleiner immergrüner Baum, der etwa acht Meter hoch wird und erst ab dem sechsten Jahr Früchte trägt. Dann aber hundert Jahre lang! Die „Sterne" sind eigentlich Sammelfrüchte, die jeweils einen Samen tragen. Die eigentliche Würzkraft sitzt jedoch in der Fruchtschale. Sternanis enthält als ätherisches Öl das Anethol, das auch bei unserem einheimischen Anis die Hauptrolle spielt.

Sternanis wird bei uns – im Gegensatz zur chinesischen Küche – lediglich als Backzutat, in Glühwein oder einzelnen Einkochspezialitäten gebraucht. Sternanis ist aber ein hervorragendes Aromat für Schnäpse und Liköre und wirkt allgemein anregend und verdauungsfördernd.

Als Heilkraut wird nur der Gartenthymian verwendet.

Thymian

Thymian gibt als Echten oder Gewöhnlichen, als Zitronen- oder Orangenthymian, in Weißbunt oder silbern, kriechend oder aufwärts wachsend – sie haben die Qual der Wahl. Als Heil- und Würzpflanze kommen in erster Linie der Echte und der Zitronenthymian in Frage – insofern kann ich Ihnen die Auswahl etwas erleichtern. Thymian kommt in den Mittelmeerländern häufig wild vor, muss bei uns aber im Garten kultiviert werden. Das Steingartenbeet oder der Balkonkasten oder -kübel wäre die richtige Umgebung für ihn.

Wie der Salbei diente auch der Thymian früher zu Räucherzwecken, mit denen man jedoch den Geist und das Gemüt anregen wollte. Als Heilkraut wurde er schon immer mit Husten, Asthma, Vergiftungen und Atemnot in Verbindung gebracht und entsprechend verwendet. Auch Magenkrämpfe, Unterleibsschmerzen und Kopfschmerzen behandelte man mit Thymian.

Nach heutigen Erkenntnissen besitzt der Thymian krampflösende, schleimverflüssigende und eine desinfizierende Wirkung, da er das Wachstum von Bakterien hemmt.

In der Küche findet der Thymian als aromatisches, kräftiges Gewürz für Fleisch, Eintöpfe, Kartoffelgerichte, Pizza und Spaghetti Verwendung. Ja sogar Fisch kann dezent mit Thymian gewürzt werden. Als Bestandteil eines Heilschnapses wirkt Thymian krampflösend, desinfizierend und vorbeugend gegen Erkältungskrankheiten.

Wacholder

Wacholder wächst als typischer Vertreter der Trockenrasen und Heidelandschaften wild auf sonnigen, trockenen Hängen und Weiden. Da diese Flächen

Bei der Thymianernte wird gleichzeitig zurückgeschnitten.

nur mit Hilfe von Schafen offen gehalten werden können, bedingt der Rückgang der Schafhaltung auch einen Rückgang dieser typischen Wacholderweiden.

Die wassertreibende Kraft der Wacholderbeeren ist seit langer Zeit bekannt – sie galten als Universalheilmittel bei Nieren- und Blasenleiden, Regelstörungen, Hautausschlägen, Lungenleiden, Verdauungsschwäche, Gicht und Rheuma. Die in Schnaps eingelegten Beeren wurden als Wacholdergeist schon früher äußerlich bei Muskelschmerzen und Neuralgien und innerlich bei Appetitmangel und Verdauungsbeschwerden gebraucht. Da Wacholder in höheren Dosen und über längere Zeit angewandt zu Nierenschädigungen führen kann, ist er kein Allheilmittel und darf nur zeitweise verwendet werden.

Die Ernte der Wacholderbeeren ist eine etwas stachelige Angelegenheit.

Der charakteristische Duft des Waldmeisters entsteht erst beim Trocknen.

Waldmeister

Wie der Bärlauch ist auch der Waldmeister – der Name sagt es ja schon – ein Bewohner der Wälder. Man findet ihn allerdings nicht in jedem Wald, sondern lediglich in Buchen- und Laubmischwäldern.

Der Waldmeister dient in erster Linie der Aromatisierung von alkoholischen Getränken und Sirupen. Man muss ihn allerdings genau kennen, denn er gibt sein duftendes Geheimnis erst während des Welkens preis, das heißt, der klassische Cumarinduft (= Hauptduftstoff) entsteht erst, wenn das Kraut zu welken anfängt. Daher sollten Sie Ihr Waldmeistersträußlein für die Bowle oder den Schnaps erst einmal etwas trocknen lassen, bevor Sie dieses weiter verarbeiten. Außerdem gibt es noch eine

219

Die Weinraute stellt mit ihrem blau-grauen Laub eine schöne Staude dar.

Höchstdosierung für diesen Waldbe-wohner, sie lautet: zehn Gramm ge-trocknetes Kraut auf einen Liter Flüssig-keit – sonst steigt Ihnen nicht nur der Alkohol, sondern auch der Waldmeister in den Kopf, und Sie haben mit den Fol-gen zu kämpfen.

Waldmeister ist jedoch auch ein ausge-zeichnetes Beruhigungsmittel für die Nerven. Waldmeistertee oder -schnaps wirkt lindernd, beruhigend und ent-spannend, wobei auch hier die Dosis ei-ne Rolle spielt.

Mit seiner Hilfe können Sie auch Insek-ten und Motten vertreiben, füllen Sie den Waldmeister in Säckchen und hän-gen Sie diese in Ihren Schrank. Für die-sen Zweck können Sie den Waldmeister sogar noch nach der Blüte ernten. An-sonsten wäre die richtige Erntezeit im-mer vor der Blüte.

Weinraute

Die Weinraute gilt als eines der bitters-ten Kräuter nördlich der Alpen. Sie wird bei Verdauungsstörungen einge-setzt, die auf einen Mangel an Verdau-ungssäften zurückzuführen sind.

Die Weinraute zählt aber dennoch zu den eher vergessenen Heilpflanzen. Nach alter Überlieferung soll sie die Sehkraft stärken und als Gegengift wir-ken. Aber auch die abtreibende Wir-kung war recht gut bekannt und man nannte sie daher „herbe à la belle fille" (Kraut des schönen Mädchens). Hätte das schöne Mädchen jedoch früh genug ausgiebig mit Weinraute gewürzt, dann wäre sie durch die anaphrodisierende Wirkung dieses Krautes erst gar nicht in Not gekommen. Weinraute wirkt nämlich in höheren Dosen sehr stark beruhigend bis narkotisierend, da sie ei-nige Mohnalkaloide als Inhaltsstoffe nachweisen kann.

Bei der alkoholischen Verarbeitung die-ses Krautes sollte man sich gleichfalls eher zaghaft an die Dosierung herantas-ten, denn wie gesagt, es gehört zu den bittersten Kräutern überhaupt. In Ver-bindung mit Salbei können Sie jedoch einen Gegengifttrank brauen, von wel-chem es heißt: „Salbei und Rauten ver-mengt mit Wein, lassen Dir den Trunk nicht schädlich sein."

Wermut

Ein Bitterling sondergleichen ist der Wermut. Diese Bitterkeit verspüren Sie bereits, wenn Sie in eine Dose mit Wermuttee hineinriechen. Der gesamte Rachenbereich wird dabei bitter.

Diese mehrjährige, eineinhalb Meter hohe und silbergraue Staude wächst mit Vorliebe in einer lockeren, sandigen und etwas kalkhaltigen Erde an einem sehr sonnigen Platz.

Der Wermut gehört unumstritten zu den magenstärkenden, appetitanregenden und verdauungsfördernden Mitteln, die sehr gerne in der Volksmedizin verwendet werden. Die Hauptwirkung der aromatischen Bitterstoffdrogen, zu denen der Wermut gehört, beruht auf der Anregung der Verdauungssekrete. Das ist auch der Grund, warum ich Wermut sehr gerne für Heiltränke mit verdauungsfördernder Wirkung verwende.

Sie sollten aber sehr sparsam mit diesem Bitterling umgehen, denn so merkwürdig es auch klingt, Wermut kann abhängig machen und ganz besonders in „süffigen" Zubereitungen. Die extreme Bitterkeit wird bei längerem Gebrauch und in höheren Dosen als angenehm empfunden. Aus diesem Grunde sollte man wissen, dass Wermut Giftstoffe enthält, die die Hirnmasse absterben lassen – man verblödet.

Ysop

Dieser bereits in der Bibel erwähnte Kleinstrauch stammt ursprünglich aus Südeuropa und Vorderasien. Er wird seit ewigen Zeiten wie alle stark duftenden Kräuter als Heilpflanze benutzt. Die blauvioletten, rosafarbenen oder weißen Blüten erscheinen von Juli bis August. Nach einem Rückschnitt im Sommer blüht mein Ysop aber meistens noch einmal im September und Okto-

Die Wermutblüte erinnert ein bisschen an Beifuß.

Das Blau der Ysopblüte ist ein ganz besonderes.

Zitronenmelisse erfreut auch die Bienen.

Zitronenmelisse

Da Honigbienen die Melissen heiß und innig lieben, bekamen diese Pflanzen auch gleich den passenden Namen. *„Melissa"* kommt aus dem Griechischen und bedeutet Honigbiene. Wer einmal eine solche Bienenfreundin in seinem Garten angesiedelt hat, wird sie so schnell nicht wieder los. An allen möglichen und unmöglichen Stellen im Garten erscheint sie ungefragt durch Selbstaussaat und erfreut uns (oder auch nicht) mit üppigen Exemplaren. Die Melisse kann den ganzen Sommer über geerntet werden und verträgt bis zu dreimal im Jahr einen Rückschnitt. Ihre Blätter erntet man an einem warmen sonnigen Tag, wenn zuvor eine Trockenperiode stattgefunden hat.

Melisse ist ein sehr gutes Heilkraut gegen Unruhe, Stress und Schlafstörungen. Auch bei nervösen Magenstörungen kann sie sanft helfen. Größere Exemplare von Melissenstauden kann man durch die Verwendung als Badezusatz rasch verkleinern. Für einen alkoholischen Ansatz schneidet man die oberen zehn Zentimeter der einzelnen Zweige kurz vor der Blüte, wäscht sie kurz und schonend ab und gibt sie sofort in den Alkohol.

Zitronenstrauch

Um es gleich vorweg zu sagen: Bei dem Zitronenstrauch handelt es sich nicht um einen Zitronenbaum und auch nicht um unser einheimisches Eisenkraut. Da nach meiner Erfahrung sehr

ber. Der würzige Duft der Blätter erinnert etwas an Bohnenkraut und auch an Kampfer.

Durch sein ätherisches Öl, seine Bitter- und Gerbstoffe fördert der Ysop die Verdauung. Er wirkt magenstärkend aber auch schleimlösend und entkrampfend, was ihn auch als Hustentee auszeichnet. Mit Ysopblättern sollte man als Würze sparsam umgehen, um Salaten, Kartoffelsuppen, Eintöpfen, Fleischgerichten und Bohnengemüsen eine aparte Note zu verleihen. Ausgezupfte blaue Ysopblüten sind eine wunderschöne Dekoration für Gurken- und Tomatensalat. Der Ysop eignet sich auf Grund seiner ätherischen Öle sehr gut für einen Wohlfühlschnaps.

viel Ungewissheit über diese Pflanze bei den Kräuterliebhabern besteht, möchte ich Ihnen daher an dieser Stelle einmal Gewissheit verschaffen. Selbst bei der botanischen Bezeichnung gibt es Probleme. Also, der Zitronenstrauch heißt auch auf Deutsch „Wohlriechendes" Eisenkraut, wobei das Wort wohlriechend von besonderer Wichtigkeit ist. Unser einheimisches einjähriges Eisenkraut ist nicht wohlriechend und heißt botanisch *Verbena officinalis*.

Das Gemeine an der Sache ist jedoch, dass der Zitronenstrauch, also das Wohlriechende Eisenkraut, auch unter dem Namen „Verbene" oder „Verwene" angeboten und verarbeitet wird.

Um alle Irrtümer zu vermeiden, hilft also nur die botanische Bezeichnung dieser Pflanze. Aber auch hier gibt es, man höre und staune, vier Bezeichnungen,

Ein Anblick, den nur wenige kennen: Ein blühender Verbenenstrauch.

Bevor Zitronenmelisse frisch verwendet wird, wird sie schonend gewaschen.

die da lauten: *Lippia triphylla, Lippia citriodorata, Verbena triphylla* und *Aloysia citriodorata*. Das Chaos ist demnach perfekt, wenn man diese Staude, die übrigens als mehrjährige Kübelpflanze gepflegt wird, nicht genau kennt.

Ich habe übrigens für mich beschlossen, sie einfach Aloysia zu nennen und mich mit ihr wie mit einer alten Freundin zu unterhalten. Sie hält auch den ganzen Sommer für mich ihre wunderbar nach süßer Zitrone duftenden Blätter bereit, damit ich sie als Likör, Potpourri und Tee genießen kann.

Wenn Sie getrocknete *Aloysia* einkaufen, sollten Sie auf ungeschnittene Qualität achten.

Zitrusfrüchte

Zu den uns bekannten Zitrusfrüchten gehören Orangen, Zitronen, Grapefruits, Limetten, Kumquats, Clementinen und Mandarinen. Stellvertretend für alle möchte ich mich an dieser Stelle etwas näher mit der Zitrone beschäftigen.

Die ersten Zitrusbäume gab es in China und zwar schon im 10. Jahrhundert vor Christus. Sie wanderten dann über Indien nach Persien und wurden von dort aus im 3. Jahrhundert vor Christus im Gepäck von Alexander dem Großen nach Griechenland gebracht. Die Araber und Kreuzritter brachten sie hernach in den gesamten Mittelmeerraum. Im 15. Jahrhundert spielte die Zitrone auch hierzulande im Totenkult eine große Rolle, indem man bei der Leichenfeier Zitronen bei sich trug, sie in den Sarg

Zitronen können auch auf der Terrasse gehalten werden.

Mit Zitronenscheiben werden häufig Getränke dekoriert.

legte und auf das Grabkreuz steckte. Zusammen mit dem Rosmarin, der zudem als Symbol für das ewige Leben galt, hatte man somit ein wirkungsvolles Desinfektionsmittel zur Hand. Das weiß man aber erst seit neuester Zeit. Die Zitrone und ihr ätherisches Öl wirken fiebersenkend, keimtötend, desinfizierend und entzündungshemmend.

In der Küche dienen Zitronen zum feinen Säuern von Salaten, Soßen, Fisch, Fleisch und Gemüse und, um unangenehme Gerüche „verduften" zu lassen. Zitrusfrüchte geben Likören und Schnäpsen eine angenehm fruchtige Frische und einen sehr guten Duft. Beim Einkauf sollten Sie unbedingt auf unbehandelte Früchte achten.

Gabriele Bickel hat nach einer Ausbildung zur Apothekenhelferin und anschließend Pharmazeutisch-Technischen Assistentin Grafik und Design studiert. Nach der Geburt ihrer Tochter beschäftigte sie sich mehr und mehr mit Kräutern und Gewürzen sowie deren Anwendung. 1993 eröffnete Frau Bickel ihren ersten Kräuterhexenladen – die Galerie aktiv in Sternenfels. 1996 folgte das Geschäft in Maulbronn.

Sowohl durch ihre Bücher als auch ihre Auftritte in Funk und Fernsehen ist die „Kräuterhexe von Sternenfels" weit über die Grenzen ihrer baden-württembergischen Heimat hinaus einem großen Publikum bekannt.

Die in diesem Buch besprochenen und dargestellten Produkte sind Erzeugnisse der Kräuterhexe aus Sternenfels. Ein Großteil davon ist in ihrem Hexenladen erhältlich.

Die Kräuterhexe
Frau Gabriele Bickel
Klosterhof 2
75433 Maulbronn
Tel.: 0 7043/7398
Homepage: www.kraeuterhexe-galerie.de

In diesem Buch werden Hinweise zur Naturheilkunde gegeben. Nur auf die beschriebenen Arten trifft die angegebene Verwendung zu, ihr Gebrauch setzt daher ihre sichere Kenntnis voraus.
Alle aufgeführten alkoholischen Kräuterhexenträhe sollten immer nur beschränkte Zeit und nicht länger als notwendig eingenommen werden. Während der Schwangerschaft dürfen sie keinesfalls getrunken werden. Behandelt werden dürfen nur leichtere Gesundheitsstörungen, die keiner ärztlichen Behandlung bedürfen. Den Arztbesuch kann dieses Buch auf keinen Fall ersetzen.

Register

Y

Z

Bildnachweis

Mit 222 Farbfotos von:

Gabriele Bickel, Karlsruhe (S. 225); Rainer Bode, Haltern (S. 151); Ottmar Diez, Sulzthal (S. 111 ure); Norbert Fasching, Gärtringen (S. 150); Florapress, Hamburg (S. 49, 46/47, 56/57); GartenBildAgentur, Au/Hallertau (S. 33, 134, 162, 213); Roland Krieg, Waldkirch (S. 192/193); Laux, Biberach/Riß (S. 4, 5 oli, 5 ure, 7 ore, 14, 15, 24, 27, 32, 34 beide, 36, 37, 75, 79, 83, 95, 105 ure, 106 beide, 107, 109 oli, 111 oli, 112 ore, 114 oli, 115, 119, 133, 141, 166/167, 179, 183, 185 oli, 193, 196, 197, 198, 202, 203, 205 o, 206 u, 207 u, 210, 211 u, 214 u, 216, 217 beide, 219 beide, 220, 223, 224; Dirk Mann, Lawalde (S. 113, 114 ure); Manfred Pforr, Langenpreising (S. 126); Reinhard-Tierfoto, Heiligkreuzsteinach (S. 2/3, 12, 17, 18, 19, 20/21, 39, 52, 64, 72/73,102/103, 116/117, 129, 131 0, 132, 142, 154/155, 159, 195 ure, 213 u, 218, 222); Reinhard-Tierfoto/Nils Reinhard, Heiligkreuzsteinach (S. 122, 128); Ralf Roppelt, Ludwigsburg (S. 5 ore, 6 oli, 8, 20 uli, 28, 29, 35, 40, 43 beide, 45, 48, 50/51, 54, 55, 58/59, 60, 66/67 beide, 68, 70, 76, 77, 78, 80, 82, 85, 86, 87, 89, 92, 93, 94, 96, 97, 99, 100, 109 ure, 62/63, 101, 118/119, 120, 123, 125, 130 oli, 130/131, 135, 136, 137, 138, 139, 140/141, 146, 148/149, 153, 156/157, 157, 158 beide, 161, 163, 165, 166 oli, 167 ore, 168, 170, 171, 172, 173, 175, 176, 177, 178, 180, 181 beide, 182, 184, 185 ore, 186 o, 186/187, 187 o, 188 o beide, 189 beide, 191 beide, 211 o); Manfred Ruckszio, Taunusstein (S. 6 ure, 38, 90, 105 oli, 108, 110 beide, 112 uli, 143, 145, 169, 172/173, 194 uli, 195 oli, 198/199, 205 u, 206/207, 208, 209, 212, 214 0); Bildarchiv Sammer, Neuenkirchen (S. 10/11, 16, 22, 30/31); Alfred Schladerer, Alte Schwarzwälder Hausbrennerei GmbH, Staufen/Breisgau (S. 124 o); Jutta Schneider, Malsburg (S. 121); Peter Schönfelder, Pentling (S. 23, 69, 104, 155, 194 ore, 200, 221 beide); Stadtarchiv Maulbronn/Erich Blaich, Maulbronn (S. 124 u); Friedrich Strauß, Au/Hallertau (S. 144, 164, 199, 201, 204).

Mit 62 Farbillustrationen von:

Ruth Fritzsche, Offenburg (S. 1, 5, 9, 13, 25, 26, 41, 42, 53, 61, 64, 71, 74, 81, 84, 91, 98, 116, 121, 126, 127, 133, 134, 137, 138, 143, 145, 147, 149, 152 o, 156, 159, 160, 161, 162, 164, 165, 168, 171, 174, 176, 179, 184, 188, 190, 196, 200, 203, 204, 210, 212, 215, 216, 218, 223, 224, 225); Reinhild Hofmann, München (S. 152 u).

Vignette bei den Seitenzahlen: DEMA 1st Division GmbH, Leonberg

Die Vorlagen für die Bilder auf den Seiten 12, 17, 27, 28, 31 wurden freundlicherweise vom Antiquariat Fritz Keller zur Verfügung gestellt.

Profitieren von altem Wissen

Gabriele Bickel
Was die Kräuterhexe noch wusste
124 Seiten, 152 Farbfotos
€/D 9,95; €/A 10,30; sFr 19,10
ISBN 978-3-440-10809-3

■ Über 60 Kräuter im Detail – von der Kräuterhexe für Ihre Gesundheit und Ihr Wohlbefinden.

■ Tees, Essige, Öle, Salben und Bäder selbst herstellen – mit Rezepten zum Ausprobieren, Genießen und Verwöhnen.

Gabriele Bickel
365 Kräuterhexentipps
124 Seiten, 107 Abbildungen
€/D 12,95; €/A 13,40; sFr 24,90
ISBN 978-3-440-09961-2

■ Tipp für Tipp durchs Kräuterjahr.

■ Gabriele Bickel verrät Ihnen, welche Arbeiten vom Frühjahr bis in den Winter im Kräutergarten anfallen und wie Sie die geernteten Kräuter für Küche und Gesundheit nutzen können.

Die besten Tipps und Geheimnisse

Gabriele Bickel
Mein Kräuterhexenwissen
160 Seiten, 226 Abbildungen
€/D 14,90; €/A 15,40; sFr 27,60
ISBN 978-3-440-09404-4

- Gesund und fit mit der „Zauberkraft" der Kräuter.

- Die Kosmos Kräuterhexe führt duch das Hexenjahr mit vielen Tipps und Anregungen für Gewürzmischungen, Tees, Salben und Pasten.

Gabriele Bickel
Meine Kräuterhexengeheimnisse
156 Seiten, 254 Abbildungen
€/D 12,90; €/A 13,30; sFr 24,90
ISBN 978-3-440-09177-7

- Vom Anbau und der Verwendung der Kräuter über Schönheitstipps bis zum Heilen mit Kräutern und Heilsteinen.

- Bewährte Tipps und Rezepte der Kräuterhexe.

KOSMOS

Impressum

Umschlaggestaltung von Atelier Reichert,
Stuttgart
Umschlagvorderseite mit 3 Fotos von:
Ralf Roppelt, Ludwigsburg (rechts und
unten) Reinhard-Tierfoto/Hans Reinhard,
Heiligkreuzsteinach-Eiterbach (links);

Unser gesamtes lieferbares Programm
und viele weitere Informationen zu
unseren Büchern, Spielen, Experimen-
tierkästen, DVD, Autoren und Aktivitäten
finden Sie unter **www.kosmos.de**

1. Auflage
© 2008 Franckh-Kosmos Verlags-GmbH
& Co. KG, Stuttgart
Alle Rechte vorbehalten
ISBN 978-3-440-11445-2
Lektorat: Birgit Grimm, Christiane Theis
Produktion: Ralf Paucke, Teresa Wurtz
Grundlayout: Atelier Reichert, Stuttgart
Printed in Slovakia / Imprimé en
Slovaquie